思想觀念的帶動者

文化現象的觀察者

本土經驗的整理者

生命故事的關懷者

心靈工坊 PsyGarden

Self Help

顛倒的夢想，窒息的心願，沈淪的夢想
為在暗夜進出的靈魂，守住窗前最後的一盞燭光
直到晨星在天邊發亮

父母不能選擇，但人生可以

走出家庭的傷
從認識自己的依附關係開始

親は選べないが人生は選べる

童年創傷，是否主宰了你的人生？

高橋和巳
Takahashi Kazumi
著

徐天樂——譯

目錄

第二章

試圖擺脱被父母決定的一切，獲得自由

孩子嚮往自由，同時也治癒父母的心傷

第五章

是否可以自由選擇配偶？（成年I期）

人，會以什麼標準選擇配偶？

第七章

理解矛盾，才算真正「長大」

「糾葛」，人生煩惱的來源

【推薦序】

如何走出父母的陰影，走出自己的人生？

翁士恆（臺北市立大學心理與諮商學系副教授）

多年來我與創傷的孩子們工作，與身爲治療師與社工的伙伴們一起陪伴了許多辛苦的孩子，看著他們走進青少年，然後步入成年，甚至有了自己的家庭與孩子。我們謹慎地走在陪伴的窄路上，一邊穩穩的讓孩子感覺到與我們的情感關連，一邊心思翻湧思忖著怎麼讓孩子度過一波又一波的父母陰影。

然而，兒童保護的道路卻是異常的崎嶇，稍不小心就會掉下萬丈深淵，要不是讓孩子失去信任、拒絕我們，要不就是無法抵禦來自父母的黑暗風暴，連身爲治療師與社工師的我們也被吞噬。我們也親身體驗著孩子的生存困境，在掙扎中希望找到一條路，讓受暴的孩子能看到自己、認同自己，踏在以自己爲中心的世界空間中前行。

所有的兒童保護工作，都有一個最基礎而核心的目標，就是在孩子的荒蕪世界中建立第一個孩子得以擁有的依附關係。那是在黑暗中讓孩子可以感覺到緊握著自己的手，是一個孩子可以一閉眼就想到的關切臉龐，是在害怕時能夠記住的溫柔呼喚，是一個能夠叫喚自己名字的「人」。讓孩子可以在充滿暴力與破壞的主觀世界之中，可以全然尋找到安定的根源。

當然，原生家庭的位置無比重要，但是最讓我們揪心的，是受暴的源頭，往往也來自過去受到暴力對待的父母，他們也是在充滿毀滅力量的世界中長大，他們可能也用最大的力量在愛孩子，但卻無法抵擋自己的父母加諸於身的暴力本質。代際傳遞的現實，是兒保工作最困難突破的糾葛，父母也成爲了我們必然與孩子共同工作的對象。

在我學習精神分析時，第一次學習了「母親」這個詞語的豐富與複雜性，與孩子要成爲「母親的孩子」並非如此理所當然。從經歷早期困境經驗的孩子身上更是看到，溫尼考特說「夠好」與「平凡」的母親一點都不容易。這樣子想吧，孩子逐漸開始有了自己的意識，意識好比水一樣的乘裝在「母親」這個容器裡，這瓶水不時的洶湧波動，不斷地測試著容器的堅固與韌性，因此母親和孩子之間可以擁有的，不只是一瓶水，可以是涵納想像的河流，甚至可以擁有一整片湛藍的海洋。倘若「母親」這個容器有些脆弱，心理治療的工作，就是盡其所能，去幫孩子從更寬廣的人生經驗中，用情愛經驗去穩定「母親」這個容器。

約翰·鮑比從深厚的學術基礎奠定了兩個重要的概念，第一個，是安全依附的重要性，而在不安全的依附狀態下，會需要整個人生持續修復與世界的安全連結。第二，是在分離焦慮與安全感間往返所建立的「內在運作模式」（internal working model），孩子會用原初環境所建立的行爲認知模式去對抗焦慮與追尋安全。

但是，要怎麼才能走出父母的經驗範圍，活出自己的人生？難道失職的父母眞的就會讓人「不幸福」嗎？在這本書中，高橋和巳說，不是這樣的！關鍵在，是不是可以覺察到父母對自己的影響，只要能覺察，就可以找回自己的自由意志，就有掌握自己命運的可能。很有意思的是，高橋和巳回到了發展階段論的觀點，清晰的解釋了青春期與成年期的重要發展目標。在青春期，孩子第一次擁有了超越父母經驗框架的超越性，這是理解父母的絕佳時刻，無論透過抵抗還是對話，這時有了「自由」得以掌握的可能。

在成年時，透過伴侶，得以重新理解孩童時期所存在的經驗「容器」，透過對於他者的責任，以及照顧或陪伴的人性反思，「父母性」會再度生成，形成與自由對抗的矛盾。而這時，用很長的時間去瞭解很細緻的生活經驗，就可以重新覺察「矛盾」的本質，與內在父母的限制性共存，全然接受自由與責任的存在本質。

高橋和巳的論述與總結擲地有聲。正如他開頁所呈現的黑格爾名言：「自由，是對『必然性』的洞察」。逐漸找到緩慢而堅定的態度，從一個生命的時間點開始，面對自己內在來自父母的羈絆，緩慢而細緻的找到自由與責任的矛盾本質，終究能夠擁有超越性，超越父母，成爲自己。

【推薦語】

對於「自由」的深層思索

高橋和巳醫師的《父母無法選擇，但人生可以：走出家庭的傷，從認識自己的依附關係開始》，讓我想起佛洛姆的名作《逃避自由》。

佛洛姆認爲，現代社會雖以「自由」和「個體化」爲名，解放了種種束縛，卻在人性底層和集體心理引發孤獨的不安與恐懼，讓人感到微不足道、無能爲力，形成社會與人際的疏離。這種心理上的不健康傾向，正是高橋所指出的，無法與人產生信任的連結與依附。法西斯主義者則利用群衆的不健康依附，逐漸壯大……

爲了讓現代人達到自由而不孤獨、自愛而不自私、理智判斷而不找合理化藉口、擁有信仰而不迷信神學的境地，我建議將高橋與佛洛姆的著作互相參照，必收觸類旁通之效。

——吳佳璇（遠東聯合診所身心科主治醫師）

【譯序】

是命中注定，還是命運掌握在手裡？

徐天樂（日本公認心理師）

敬愛的台灣讀者，大家好！

我是本書《父母不能選擇，但人生可以》的中文版翻譯，徐天樂。

本作品可以在台灣順利出版，讓我感到非常榮幸。在此同時，我首先要感謝支持本作品的心靈工坊出版社的各位同仁，包括編輯部的徐嘉俊先生、黃心宜女士、饒美君女士以及其他相關同仁。然後還必須感謝我尊敬的高橋和巳醫師（資深精神科專家，心理治療師督導），在百忙之中給我們帶來如此高水平的作品。

我相信這本書可以再度引發我們對於家庭關係與人生的思考，並帶來很多感悟。

大家相信「命運」或是「命中注定」嗎？

聽到「注定」這個詞，可能很多人會認爲，既然命運被「注定」了，就無法人爲地改變它，只能選擇接受它，即使這並不是自己想要的。但是本書告訴我們，人的「命運」有相當一部分是可以改變的，從嚴格的自我限制到獲得精神上的自由，最終獲得人生的自由。命運是必然性與自由選擇構成的。**這不是宗教，也不是算命哦，是按照心理規律的推論而來的科學**。既然是科學，就必然有可重複性，再現性。我們可以通過心理科學，重新認識自我，認識周遭的人際關係。

每個人對於自己的人際關係（家庭關係、社交關係等）的理解，都是從「母」與「子」的關係開始。母子關係的連接在心理學裡叫「依附關係」。「依附關係」是每個人在出生時就有的與生俱來的天性，也可以說是人類的最基本欲求。寶寶從出生的那一刻開始就渴望被媽媽愛、被媽媽關注、得到媽媽的保護。媽媽也同樣會無條件地給與寶寶很多的付出，不光是保護寶寶的安全，不讓他餓肚子，還會顧及到寶寶的心理感受，不給寶寶帶來不安。「母」與「子」的肢體互動、語言互動、心理互動的過程，決定了寶寶將來是否能擁有強大的內心，有信心處理好各種人際關係。總而言之，「依附關係」的健全，是從寶寶的依附行爲和媽媽的共感能力，這兩個「必然」的結合開始的。對寶寶的人生來說，媽媽才是有決定性影響的。

本書以「母子關係」爲主軸，分別介紹了①健全母子關係中長大的人，以及帶著孩童期心理創傷（有過受虐經歷）長大的人的心理成長過程。②孩子的叛逆期，家長應當面對的心理課題。叛逆期的長短，「激烈」程度與母子關係的理解。③伴侶選擇問題。我們是如何受到原生家庭的影響，這當中什麼是必然、什麼又是自由選項。

以上的內容再次說明「原體驗」，也就是幼兒時期的體驗，會不知不覺地影響自己將來與人交往的方式。但這些「必然性」，並非無法轉變。只要我們最終獲得了成年II期心理，也就是理解了到底什麼叫「父母性」，知道人的內心糾葛是因何而來，我們就能得到心理的滿足，「必然性」會逐漸變小直到消失，最終實現眞正意義的自由。我想再次強調，這是一門心理科學。

最後，我想引用書裡的一段靈魂敍述，送給大家。

「內心，從出生的那一刻開始就已經有了對愛的渴望。這是心理規律。這個規律有連貫性，是絕對的。我們也是因爲這種欲求得到了滿足，才變得自由的。自由，可以根據對『必然』的觀察而獲得。也就是，理解『想要被愛的必然』，遵循它，並且能夠實現它，才是獲得幸福的途徑。這，就是自由。」

自由，是對必然性的洞察。

——黑格爾（德國哲學家）

前言

是讓你的內心放飛自由，還是順從必然？

原生家庭，左右著你的人生

我們無法決定自己出生在什麼樣家庭，擁有什麼樣父母。可以說，只能接受命運安排。

一般很少有人會意識到，這種命運會如何影響自己的人生，並且決定我們的價值觀。除非你遭遇過很多困境，否則大多數人都會覺得自己的人生一直都是自由的，之後也會有很多選擇，沒必要深思自己的命運。

可是，世上也有一些人，他們一直在探索自己的命運。譬如有些人出生在爭吵不斷的家庭裡，他們常會有這樣的念頭：「如果我不是生在這種家庭……」。他們總是念想著那些自己無法選擇的幸福，覺得不管做什麼都改變不了自己的人生，對自己的命運感到沮喪。

因爲依附理論（Attachment）而聞名的精神科醫師約翰·鮑比（John Bowlby, 1907-1990）在二次大戰期間，針對生活在某機構裡的一群孤兒進行心理成長研究，開創了名爲「內在運作模式」（IWM〔internal working model〕）的理論。這個研究表明：一個人從嬰兒時期開始，被什麼樣的母親養育（或者其他主要養育者），他們的親子關係是好是壞，都將對那個孩子將來的人生產生決定性的影響。

這個理論在心理學界廣爲人知、並普遍被探討。但談到所謂的影響，究竟到什麼程度、具體內容是什麼，研究者們的意見可說莫衷一是。

其實，探討這個問題的人／學者，其本身的幼兒期體驗，會影響觀察「命運與自由」的角度。被一個健全的母親（照顧者）養育，生長在一個普通、幸福家庭裡的孩子，他們對命運的預期範圍比較小，對自己自由選擇的預期範圍比較大。相對地，若孩子是被一個有問題的母親（照顧者）撫養長大，甚至被虐待，他們會覺得命運已被家庭決定，人生的大部分都是由命運操縱，幾乎沒有自由選擇的空間。

因此可說，根據每個人的兒時體驗，理解命運的方式會有一些差異。不管是一帆風順，沒有大災大難的人生，還是困難重重的不幸人生，命運的確有部分的必然性。但我們也可以這麼認爲：「因爲看到現在的自己，才有勇氣去追求明天百分百的自由。」

你的人生將有什麼樣的發展，取決於你的內心。發自內心想有所作爲的人，他們會積極行動、工作，這些積累會變成他的人生。如果「心」能自由選擇，命運與否當然就不那麼重要，你的人生就是自由的。相反地，若你的內心存在若干「必然」，也就是想法被束縛了，那麼命運的影響範圍就會變大，人生當然也就較爲受限（不自由）。這種自由與必然之間千絲萬縷的關係，對將創造什麼樣人生，有著決定性的影響。

我們的內心的運作，則受到必然性絕大的影響。接下來，我們將探討這個規律。

譬如有一天，你被公司同事稱讚，說你很能幹，我想你一定很高興。所以，「被別人表揚↓感到高興」，我們可以理解它是一個心理規律。可是這個規律並非適用所有人。實際上，根據臨床經驗，我個人認爲這個規律只適用於百分之九十的人。剩下的百分之十不但不會因爲被稱讚而高興，反而會感到警惕、緊張。譬如：「突然被別人稱讚，總覺得有點奇怪，那個人一定是有什麼目的」。「被別人稱讚↓感到高興」，這個規律並非百分之百適用於所有人，所以不能稱其爲「心理規律」。

不過，若我們把約翰．鮑比的內在運作模式（ＩＷＭ理論）加進這兩個情境，就會變成：「由正常母親／照顧者養育，生長在一個普通的幸福家庭裡的孩子來說，被別人稱讚↓感到高興」；以及相對的「被一個有問題的母親／照顧者養大的、甚至受虐的人來說，被別人稱讚↓感到警惕」這兩個描述。這樣一來，就成爲一個可以適應所有人的「心理規律」了。

心理學是探討所謂「心理規律」的一門學問。但是它很難像物理學一樣適用萬物。物理學的定律是絕對的。所謂的「絕對」是指，它可以預測未來。

在地球上的你，向高空抛出一個球，那個球就會根據牛頓重力定律，先上揚、再隨著抛物線的走向掉下來，這是無法改變的事實，也是可以預測的規律。你的智慧型手機裡的ＧＰＳ，之所以可以傳達給你正確的位置和時間，同樣也是因爲這個規律，就算是明天、後天也不會改變。所以，手機可以遵循你的時間安排，帶你去想去的地方。

按照力學定律，行星和太空船會動；按照電磁氣學定律，可以發動馬達，使用汽車和電車，這些事都不會改變。化學反應也按物理學的定律運作。換句話說，細胞在人體內發生的各種物質代謝、荷爾蒙分泌，都不可能排除物理學定律。生命不會、也不可能違反物理定律。若不到進入量子力學的領域，那麼能夠掌握「現在」，就可以從某個面向推測「未來」、甚至進行決策。這就是物理定律的絕對性。

那麼，我們大腦裡的思考與感情又是怎麼回事？

大腦科學已經證明，這些活動都由我們神經細胞的運作支撐。神經細胞的活動當然也基於物理定律，不會出現例外。以此類推，或許我們的「心」也一樣。因此，只要我們知道「心」開始運作時會是什麼樣的狀態，就能夠推測未來我們的內心會如何發展。這是命運的必然性，自由，毫無餘地可言。

本書中，我們將探討一個人，從出生到死亡，整個人生的心理成長過程。每個階段都有已被注定，無法改變的心理規律。譬如：我們的心理從學齡期到青春期有一個成長過程，順序無法改變。但若單就學齡期或青春期看，會發現似乎每個階段都有內心層面上不被侷限的範圍。這麼說起來，成長的基本流程雖然不可能變更，但我們仍可以在每個階段的細節層面上享有選擇的自由。

作爲心理學家，我能掌握人們按照心理規律活動的部分，因爲這是無法改變的，所以也可以預測未來。我會在一邊介紹、驗證的同時，與大家一同探討內心自由和必然性各自所佔的範圍。

人生到底有多少必然？哪裡開始才是自由？憑自己的力量，是否能改變本以爲不能改變的命運？

所謂的改變命運、獲得自由，是指改變以往的人生觀、也就是思考方式和生活方式。思考是指，反思自己以往的思考模式，最終就可以超越必然性。我曾目睹這種不可思議的現象許多次。只要你覺悟到自己的出生環境和父母給你帶來的影響，就一定可以突破必然性。

我接下來會把兩種命運——出生在普通家庭的人，與曾受虐、生長在不那麼普通的家庭的人——放在兩個端點，並藉此探討人生的自由與必然，以及什麼才是人們所追求的幸福。

第一章

刻在DNA裡最初的必然：「依附關係形成」

與生俱來想和父母「緊緊依偎」。
想要得到安全感，
是生物學裡的「必然」

人的一生從「依附關係形成」開始。新生兒向媽媽發出各種訊號，媽媽對此做出回應，雙方建立互動，依附關係也隨之形成。孩子想獲得媽媽的愛，這稱爲依附行爲，是與生俱來的渴望。這個事實深刻烙印在所有DNA上，沒有其他選擇。可以理解這個事實的人，應該不會嘗試推翻它吧。

1. 所謂的「依附關係」是指，想和媽媽「緊緊依偎」，尋求安全感

依附關係的形成是嬰兒與母親之間的「必然」

依附是嬰兒的「必然」。

依附是所有鳥類和哺乳類幼體的本能。剛誕生的小貓咪，即使對世界一無所知，也懂得要黏著媽媽討奶喝。這種想「黏著媽媽」的舉動，就是我說的「依

附」，英文是Attachment。那麼，貓寶寶是不是只有肚子餓才想要靠近貓媽媽呢？當然不是。覺得冷的時候、或是害怕的時候，都想躲在媽媽懷裡。

約翰．鮑比把這種天生的行爲（依附）理解爲母子關係的基礎。孩子想和媽媽「緊緊依偎」，得到心理上的安心感，並且也滿足生理上的需求。「依附」是指個體感到強烈恐懼、不安，會主動靠近另外一個特定「個體」，以獲得心理上的安全感，恢復且維持身體原本的「正常狀態」。[1]他強調，安心與安全感比食慾更能成爲依附行爲的動機。

寶寶爲了尋求安全感，展現的依附行爲是「緊緊依偎」。接下來，回應寶寶需求的「必然」就是媽媽的「共感能力」。

共感能力是指媽媽能體會到寶寶的感受和感情。若寶寶哭泣，媽媽會猜寶寶是餓了？冷了？熱了？還是寂寞想要被媽媽安慰？寶寶的感受與情感會與媽媽同

1 約翰．鮑比（John Bowlby）《母子關係入門》（*The Making and Breaking of Affectional Bonds*）。

步。如果寶寶因為冷了才哭，媽媽也會感覺到冷。如果寶寶因為孤單而哭泣，媽媽也能感受那孤單的感覺並立刻抱起寶寶安慰他。「共感能力」是每一個媽媽的天賦。

「依附關係的形成」始於兩個必然，寶寶的依附行為和媽媽的共感能力。這是「母」與「子」之間自孩子出生起卽注定的必然行為。這種「必然」得到滿足的寶寶會露出幸福笑臉，媽媽看到寶寶笑容也會感到幸福。媽媽是滿足孩子心理、身體需求（安心、安全、擁抱、餵奶、換尿布等）的第一個「人」。

從小與媽媽有充份情感交流及互動的孩子，會百分百相信媽媽會支持自己，相信自己是值得被珍視的存在，感覺自己來到這個世界是受到歡迎的。這就是健全的依附關係的形成過程。

人生，從「依附關係的形成」和「基本信賴關係的獲得」開始

知名的發展心理學學者艾瑞克．艾瑞克森（Erik Erickson, 1902-1994），把依

附關係的形成稱爲「基本信賴的獲得」。艾瑞克森指出，孩子透過對父母的信賴，推論出「可以信任所有持續照顧自己的人」。[2]「照顧自己的人」是指母親或其他主要照顧者。「照顧」是指滿足心理與身體的需求。「持續性」是指任何時候都能得到照顧的安心感。艾瑞克森進一步指出：獲得基本信賴是心理發展的開始，也是人生最重要的起點。

孩子們以健全的依附關係，或是基本信賴的獲得爲基礎，踏上人生旅途。只要和媽媽（或是照顧者）之間建立依附關係和基本信賴，這種關係自然地會延伸到其他家庭成員，比如父親、兄弟姊妹，接著是幼兒園老師與同儕，一步接一步，孩子逐漸融入這個社會。

孩子尋求媽媽，媽媽回應孩子，這樣的依附關係，毫無疑問就是「心理規律」。既然是規律，理論上適用於所有人。但是非常遺憾，有百分之五的母子並不

2 艾瑞克・艾瑞克森（Erik Erickson）《幼兒期與社會 1》（*Childhood and Society*）。

適用此項規律。所以嚴格講起來，只能說「百分之九十五的母子」符合心理規律。

那麼，最初的「必然」未能得到滿足的百分之五是什麼樣的孩子？他們的人生又會有什麼樣的發展？

2. 最初的「必然」，沒有得到滿足的情況

受過虐待的孩子，一生孤獨、不安、緊張

如果出生時未能與初見的母親（主要照顧者）形成依附關係和產生基本信賴，孩子會變得怎樣呢？也就是，孩子哭的時候媽媽不給他餵奶，孩子覺得孤單的時候媽媽不抱他，這樣的寶寶會如何成長？

普通家庭裡，一般不會發生這類情形，因爲寶寶會很自然地接近媽媽，媽媽也很自然地接受並理解寶寶發出的訊號。能理解寶寶肚子餓的媽媽，不會無視寶

寶，這是必然的。大多數的我們都是在普通家庭成長，或許很難想像這種「必然」沒有發生。可是百分之五的家庭確實無法形成這種「必然」的母子依附關係，這些孩子經常來自受虐家庭。「依附關係不成立的家庭就等於受虐家庭」，但或許有不少讀者無法將兩者劃上等號。因爲當聽到「虐待兒童」這個詞，很多人的想像是一個四、五歲的孩子被家長凶狠毆打（身體虐待）或是，家長不給孩子吃飯（放棄育兒），最終孩子離世的慘狀。這些常出現於新聞裡的案例，屬於極爲嚴重的兒童虐待。然而，死亡案例裡最多的其實是幾乎沒有媒體曝光的一歲以下兒童[3]。一歲以下的孩子還不具自主活動的能力，若缺少照顧者的保護，存活率近乎是零。當他們無法安心，得不到安全的保護的時候，就可能死亡。當然，身亡的兒童占極少數。在完全沒有「共感能力」的媽媽身邊長大的孩子，連「想依偎著媽媽」都不被回應的孩子，其實大多數還是能勉強活下來。可是，這些無

3　厚生勞動省〈受虐兒童死亡案例等驗證報告〉二〇〇三—二〇二一。

法形成健全的依附關係和獲得基本信賴的孩子，「心」會變怎樣？

和媽媽沒有形成健全依附關係的孩子，鮑比指出他們會產生「焦慮依附」（anxious attachment）的狀態，會過著不安與緊張的孤獨人生。「這種孩子長大成人後會對人感到恐懼，活在不安裡，也不會期待別人的愛與關懷。無論如何都會選擇一個人面對所有的難關。而且對於他人總有些良心過剩，時刻被罪惡感困擾。長期壓抑使他們容易出現精神狀況、憂鬱症、恐懼症。」

同樣地，對沒能獲得基本信賴的孩子，艾瑞克森描述道，「他們無法相信母親和其他人，封閉自己並拒絕他人，斷絕與他人的來往」。這些孩子無法創造獨特的自我認同（identity），並因此一生苦惱，持續活在不安、緊張、孤獨之中。

孩子無法選擇父母，也無法知道自己是不是就那麼剛好，可以生在一個能夠好好地養育自己的家庭裡。這是命運無可避免的分歧，而生在什麼樣的家庭，就決定孩子的人生起點。對於那百分之五的孩子來說，出生或許是場悲劇；但對於百分之九十五的孩子來說，誕生是幸福的。

不過，即使是享受到充分母愛的孩子，各自的命運，也就是人生的「必然」，也會有所不同。譬如，家庭經濟條件好壞、夫妻關係和諧與否、父母健在或單親家庭等等。根據不同客觀條件，孩子們各自創造自己的人生。

受虐兒童與普通兒童的人生有著絕對的差異。最初「必然」的「依附關係」能夠形成的孩子，人生將會更自由。反之，被拒絕建立「依附關係」的孩子，自由會很大程度地受限。但只要活著，不管活出什麼樣的人生，人都會追求安心和自由，這是全人類共通的。

3. 心理創傷是指，否定自己渴望被愛的本能

對孩子來說，第一個「他人」就是媽媽（主要照顧者），從媽媽開始，到爸爸、兄弟姊妹，最後是社會上每一個人。第一個「他人」會對孩子的一生影響甚鉅，是一個能給予保護且充滿愛的人，還是一個缺乏共感能力、不能提供保護的人，兩者影響天壤之別。而且，這份對「第一個他人的認知」的影響力，會隨著

孩子的成長，愈來愈巨大。

被充滿愛的媽媽帶大的孩子，也會有心理創傷嗎？

假如寶寶覺得第一個「他人」，也就是媽媽，能保護好自己，接下去出現的爸爸（或是主要照顧者身邊的第二位照顧者），寶寶也會認為他「一定是好人」。如果爸爸確實是好人，那麼寶寶會覺得「世界上都是好人」。這類型家庭長大的孩子大多不會產生「心理創傷」，在小學、中學都會相信他人、開朗快樂。

如果媽媽是好人，爸爸卻是壞人，寶寶會和爸爸保持距離，留在媽媽身邊。他會意識到「即使世上有很多好人，但是也會有壞人」，並帶著緊張感成長。能區別出好人和壞人的主因是媽媽是好人；而「世上還是好人多」這個判斷中媽媽的影響功不可沒。然而，這種情況下，他對爸爸的緊張感會變成心理創傷，並影響自己一生。倘若寶寶是個男孩，他會對男性長輩產生過度的緊張感。在上司與前輩面前無法自由自在，容易被上司隨口而出的話語傷害，也會盡量避開和男性的交往，只有女性朋友。倘若寶寶是個女孩，她對男性的警惕性特別強、保持一定距離，對戀愛及婚姻也會相對消極。除了保持距離，還有一種女性，會因爲害怕男性、反而試圖以討好獻媚的手段來接觸男性。

這裡雖然我們把爸爸（第二位照顧者）分成了「好人」和「壞人」，不過我所謂的「好人」是有愛心、珍惜他人、同時也愛護自己的人；「壞人」則是指警戒別人、批判別人、不會愛護自己的人。

沒有被媽媽愛過的孩子的心理創傷

人們所受到的最嚴重的心理創傷，就是被沒有共感能力的媽媽帶大的受虐待兒童的心傷。這個傷害會深深的影響孩子的一生。

對寶寶來說，如果最初的「他人」（媽媽），是一位不能保護自己的「壞人」，那麼接下來出現的爸爸（第二位照顧者），寶寶下意識會認爲爸爸「肯定是壞人」。如果爸爸是好人，寶寶會覺得「世界上基本都是壞人，但也有幾個好人」。如果媽媽與爸爸都是壞人，他會認爲自己出生的世界非常困難與不幸。

然而，無論爸爸是好還是壞，對寶寶來說，媽媽才是關鍵。原因無他，媽媽是寶寶在世界上第一個遇到的人，被媽媽傷害留下的傷疤，即使有個好爸爸也無法治癒或彌補。寶寶長大一些，去托兒所或幼兒園時也會對老師有所警戒；進入小學也不會對老師敞開心扉，和朋友在一起也同樣感到侷促不安。如果成長時一直帶著這種緊張和不安，走進社會後很容易造成憂鬱、恐懼等各種神經症。

心理創傷是指「否定依附」，否定自己值得被愛

最難以平復的心理傷害，是無法形成良好依附的受虐孩子們所遭遇的心傷。其次則是雖然媽媽（主要照顧者）給予足夠的愛，但爸爸並不稱職；接下來是父母雙方都不是感情充裕、以完全的愛撫育孩子的人，這些情況無可避免地都會在孩子心上留下一些小小的劃痕。事實上，世界上沒有無瑕無痕的心靈，不論是什麼樣的孩子或多或少都有過心理創傷，父母亦是如此。

那麼，究竟「心理創傷」是什麼？心理創傷的根源只有一個。就是在本能——想要被愛、被呵護的渴望——沒被充分滿足的情況下，壓抑和否定自己想要被愛的渴望。

就算是受虐兒童，小時候也會試圖靠近父母，發出渴望愛的訊號。但因爲從來不會得到回應，導致他們覺得人都不可靠，自然也不會向他人發出求救信號。他們壓抑、限制自己的感受，根深柢固地認定「還是不要對別人有期待較好」。這種想法持續下去，便引發他們否定自己、認爲「反正我不會被愛」。但即使如此，他們也仍渴望得到愛，而當意識到自己還是渴望被愛，他們就開始痛恨自己。這個巨大的心理創傷就在心裡生根了。

這就是所謂的「否定依附」。

「否定依附」導致他們厭惡自己、否定自己。

人的內心痛苦之中，否定自己傷害最深、也最難以平復。「否定依附」在受虐兒童身上最明顯可見，只不過一般家庭長大的孩子也難免有這種情感，因爲我們不是隨時隨地能得到渴望的愛。

你能在別人面前選擇自己喜歡的蛋糕嗎？

測量你「否定依附」程度

「否定依附」具體來說怎麼理解？強弱程度會如何表現呢？

你和四個好朋友聚在一起享受周日午餐。太久不見，你們有說不完的話。吃完午餐後很快就是下午茶，咖啡和蛋糕擺上桌來。五塊不同口味的蛋糕，草莓蛋糕、起司蛋糕、巧克力蛋糕、堅果蛋糕、栗子蛋糕，不管哪個看上去都很美味。大家開始談論，誰吃什麼蛋糕，沒什麼特別原因，但讓你第一個選。問題來了。

「你會怎麼做？怎麼想？爲什麼？請你從以下的選項裡做出選擇。」[4]

1——2——3——4——5

1　2　3　4　5

1 高興的選擇　3 稍微猶豫的選擇　5 最後那個就好（表示客氣）

從一到五之間，選出最接近你心情的選項。這個問題是測試「依附的否定度」的小實驗。結果顯示，出生在一個有健全依附感家庭的人，其平均得分是二．五。出生後遭虐待、沒有足夠依附感的人，平均得分是四．三三，兩者差異非常明顯。

對大部分依附感健全的人來說，得分二．五代表「很開心可以選自己喜歡的蛋糕，但是還是會客氣地考慮一下其他人」。一般成年人的感覺可能大多如此。「既然讓我先選，那我就選自己最喜歡的。」「感謝其他人的好意，那我就不客氣了。我選自己想吃的。」「對大家表示感謝，並開心地選擇。」等等。

在受虐家庭長大，沒有依附感的人平均分數四．三三代表「糟了，怎麼辦，我沒辦法第一個選，太不好意思了。」這些人的共同想法是「在別人前面做選

4 立花有子《在受到心理虐待等不健全環境下長大的受虐者心理狀態研究》（『心理的ネグレクト』という不適切な養育環境で育った被虐待者の心理状態についての研究），平均值是筆者的計算。

擇，覺得好可怕，我好不安。」「讓對方高興，比滿足我自己更重要。」「我不是最後選的話，就有點害怕。」「會拚命思考其他人想吃什麼，過度考慮他人想法，這讓自己很累。所以還是最後剩下的那個就好。」「不顧別人，自己先選的話會有罪惡感，感覺自己不配。」等等。

單純覺得「哇，好開心。我可以先選」的人，一般都是被父母愛護，有健全依附感的人。他們不會否定自己的眞實感受，他們覺得自己值得被愛。幾乎沒有否定依附的狀況，也不太會自我否定。

另一種在受虐家庭成長的人，他們會壓抑自己的感受，會表達「不用，我拿最後那個就好」。他們並不認爲自己值得被愛，也認爲表達主見是不好的、可怕的。否定依附、自我否定的程度很高。

透過這個針對成年人的測試，能看出來卽使長大成人了，小時候的心理創傷依然產生很大的影響。

你的「否定依附」是幾分呢？你平時會壓抑自己的眞實感受嗎？會壓抑到什麼程度？

「壓抑」是「自由」的反義。即使是選擇蛋糕這樣的小事，也能看出一個人的心靈是被壓抑的，或者是自由的。

受虐過的人的依附否定較爲極端。其實每個人都會在不知不覺中壓抑自己的感受，主要與幼兒時期的家庭環境有關。但如果沒有人提醒，自己幾乎不會發覺。

不過，在察覺到這點後，我們就可以做出改變。看看其他人在派對上是怎麼選蛋糕，你會發現「啊，那個人比我自由多了」。接著，你會重新思考這個問題，你會轉變想法，「好，下次我也不客氣，選自己喜歡的試試看。」如果眞的做到了，就會產生自信，也會比以前更愛自己，周圍人也會用和以前截然不同的態度看待你。只要發覺到這點，人生就會改變，原來我們可以靠自己撫平心底的傷口。

然而，能自我覺察並做出改變的人，大多是沒有受虐經歷的人。有過受虐經歷的人，不管經歷多少次這樣的選擇，都很難自我覺察。傷得愈深，就愈難發現自己的傷。若要發現自己的「依附否定」，並且做出改變，他們需要不一樣的體驗。

4. H失去的四十年

害怕和人接觸，孤獨終死

「說到最後就是，因爲我是那個人（媽媽）生下來的，所以這四十年的人生，就注定是完全沒有意義的人生。」語氣平淡的說出這些話的是H女士。她今年四十歲，獨居。從小受虐，高中的時候從家裡逃出來。二十幾歲時從事特種行業賺錢，結果被男友騙走錢財，又重新開始。三十歲時進入職業學校，三十四歲在IT公司就職，生活總算是穩定下來。三十八歲，開始看心理醫生。起初她經常會用「媽媽」這個詞，但是當她意識到自己有受虐經歷時，她開始把媽媽稱爲「那個人」。她發現自己的媽媽和普通的媽媽不一樣，所以對「媽媽」這個稱呼產生抗拒。

自有記憶以來，她一直覺得很孤獨。二十幾歲初入社會，她覺得周圍都是「敵人」，世上沒有可以相信的人，只能孤獨地活著。在一堆「可怕」的人裡，自己無時無刻都是緊繃的，能堅持活下來對她來說很不容易。所以她和一般的年輕女生不同，不知道享受生活，聊天、戀愛、旅遊、享受美食都與她無緣，也不會化妝，永遠只穿一身黑色。其實她很多次想過輕生，放棄的原因是她始終相信「只要做個好孩子，媽媽一定會愛她。」

這樣的H女士自從看心理醫生以後，開始整理自己的情緒，發現自己的「心」一直被壓抑，也就是「依附否定」。不久，她開始懂得愛護自己並試著相信別人。人生很快就改變了。以往她覺得是敵人的人，變成了溫柔的人，仔細想想以前在特種行業工作時也遇到過溫柔體貼的好人，職業學校的同學也很照顧自己，現在的公司也有很多好人。只要接受他人的愛和關懷，會看到以往沒看到的世界。她領悟到「因爲在那個人（媽媽）的身邊成長，人生只能從對他人疑神疑鬼、害怕與人接觸開始，就這樣持續了四十年。」現在俯瞰這一切，覺得「以往的人生沒有意義」。出生在怎樣的家庭，孩子無法決定，只能接受。從小被灌輸的思考方式，也決定了今後的人生。

這看上去是很難改變的「心理規律」。可是，當意識到自己曾經受虐並且因此對愛毫無期待的時候，其實我們可以改變這個「必然」。面對自己的過程中，深刻理解人生的時候，她們（受虐者）會比一般家庭成長的孩子更能夠相信別人。看起來很不可思議，但這是當人們超越「必然」時會出現的現象。

H女士說得很清楚：「如果沒有看心理醫生，我就會這樣一生孤獨，直到死去。」

5.「心理規律」是什麼？

我剛剛提到了「依附關係的形成」和「否定依附」這兩個概念。接著，來總結一下我對這本書的主題「心理規律」的看法。

心理規律由兩個層面組成，第一是絕對無法改變的部分，第二是只要發現就能改變的部分，前者是「心理規律」，共有六個，後者是「心理必然性」。

先說「心理規律」。首先，人從一出生就對愛有需求，尋求安全感，想和媽媽緊緊依偎、建立連結。這些都是人的本能，是不可逆的「心理規律」。不過雖說是規律，但其實沒有特定形式，而是會以各種樣態持續出現在我們的一生中。我們的「心」，也會持續追求與他人的連結，而非孤單一人。

第二項則與根本性的心理創傷——「否定依附」有密切關係。當人們主動否認「想要被愛」的基本需求，就是在自我否定。這種自我否定會折磨我們，這也屬於一種心理規律。

總結起來：

心理規律①人一出生就有對依附的渴望，一生都會期望與他人產生連結。

心理規律②「心理創傷」是指否定自己渴望被愛。這種否認使人痛苦。

接著說「心理必然性」。

以H女士為例，即「從小受到的創傷會一輩子折磨著自己」，這屬於意識到就可以改變的層面。在這裡，H女士的創傷是可以修復的，所以仍未及「心理規律」的程度，而是比較輕微的「心理必然性」。

人的內心活動，有影響日常生活層面的，這是「心理必然性」；也有作用在心理深處的各種影響，這是「心理規律」。一般情況下，我們不會察覺自己的深層心理。但是，經歷受虐或其他極端情形，或是陷入很深的苦惱、獲得深刻感動等時候，心底深處層次就會顯現出來。

那時，我們會看到心理自由和必然，以及內心幸福的關鍵。

第二章

試圖擺脫被父母決定的一切，獲得自由

孩子嚮往自由，
同時也治癒父母的心傷

一直很順從父母的孩子，第一次開始有自我主張的時期，就是叛逆期。剛開始的反抗都是一些幼稚、沒什麼道理的事。但這是他們想表達「自己與父母不同！」的態度。同時父母看著孩子們開始反抗，雖然煩心、苦惱，但心底的傷卻似乎得到了療癒。這對做父母的人來說，是種非常奇妙的體驗。

1. 叛逆期，建立在依附關係形成之上

依附關係健全與否，深刻影響我們一生的人際關係。如前一章所說明的，孩子的一生能否幸福，端視嬰幼兒時期是否能建立健全的依附。

據說，母子之間的依附關係會在兩歲以前形成。日本有句俗話叫「三歲看到老」。以前日本是使用虛歲，所以俗話中的三歲實際上是兩歲，正是形成依附關係的年紀。

在兩歲之前，如果母子之間建構了健全的依附關係，那麼孩子就會有安心

感，會勇於追求自由，開展胸懷。這個過程的起點，就是「反抗期」，也被稱爲第一叛逆期。另外，第二次的叛逆期是指青春期。它們的共同點都是對父母的「反抗」。

孩子之所以有叛逆期，能表示對父母的「反抗」，是因爲在這之前建立了牢固的親子依附關係。孩子確信「不管發生什麼事，父母一定會保護我的。」「就算『反抗』父母，也不會被拋棄。」因爲有這樣的信心，孩子才敢「反抗」父母。當孩子進入叛逆期，無論父母如何斥責孩子、如何嚴厲規範。孩子也能夠安心度過這個滿心反抗的時期。可以由此看出，母子之間已經建立的依附情感是如此牢固，令人感動。

叛逆期乃是奠基於穩固成形的依附關係上，這是一種不可動搖的「心理規律」，也就是無法改變的層次。用簡單的話說就是：唯有依附關係形成，「叛逆期」才會出現。由此可以歸納出：

心理規律③我們的「心」追求著更多的安心感，這過程中，將依次經歷五個階段，逐步發展。

這是第三條心理規律。具體內容，將在第三章〈心理發展階段的五個階段〉中詳述。

想表達自己，就是最初的自我主張

來找我諮詢的媽媽們所訴說的育兒煩惱中，有一部分就是和叛逆期有關，譬如：「不知道怎麼和孩子相處」。

叫他吃飯，他卻故意把玩具拿出來玩。叫他洗澡，他不去。早上起床想要幫他穿衣服，他說不要，要自己穿，結果穿不好又開始哭。叫他睡覺，他卻不理會繼續看動漫。外出購物又會任性地喊，「我要這個，買給我，買給我。」都那麼大了，回家路上還會吵著要媽媽抱。這個時期，父母真是頭疼。

那麼，都順從孩子就好了嗎？其實也並非如此。如果你跟他說「好吧，你愛看卡通就看吧，隨便你。」孩子可能會逞強看一下，但是不久後就膩了，又提出其他要求。也就是說，他們並不是發自內心一定要做什麼，只是想「反抗」父母而已，想要表達自己與父母的不同。

對著苦惱的媽媽，我首先會說：「你的孩子有叛逆期，這是件好事。」接著再告訴她們出現叛逆期其實證明了「他（孩子）百分之百相信媽媽。」「不管發生什麼媽媽都會在身邊。」

這樣解釋後，她們剛開始先露出一頭霧水的表情，然後逐漸放鬆下來，我想，她們一定是在反思目前的母子關係。

那麼，孩子們的叛逆爲什麼會這樣不講道理呢？

因爲隨著孩子的心理成長，他們開始有自己的主見，不要什麼都聽父母的了。這是第一次「從父母那裡獲得自由」的行爲表現，他們的內心非常想要「自己做決定」。

不過，就算想自己決定，一個三、四歲的孩子可以決定的事很有限。能自己決定的事情不多，才會出現在大人看來有些荒唐又不講道理的舉動。

起床、洗臉、穿衣服、吃早餐、去幼稚園……這一系列的生活規律都是父母教的，孩子們理解這些舉動和順序，並已經養成習慣，可以說是良好教育的結果。孩子還沒有具備自己改變這些順序、決定早餐菜單的「智慧」。可是，他們已經想要自己決定什麼時間點開始動作，這就是最初的「自我主張」。他們不是想具體決定「要怎麼做」，而是想自己決定「要不要做」。所以，當媽媽說「吃飯了，坐好」的時候，他們不會馬上順從，總是會反抗一下，甚至有時還會說「我不要吃！」他們不是真的不想吃，而是不想父母說什麼就做什麼。所以，折騰到最後還是會吃飯。

就這樣，人的第一次叛逆開始了。

我想再次強調，叛逆期是十分重要的時期。

2. 與母親的依附關係決定反抗程度

若媽媽共感能力強，孩子反抗期比較短

同樣是反抗期，有的孩子要經歷很久，而且衝突很多，有的孩子一下子就過去了。反抗期的長短與激烈程度也和母子關係有關。如果媽媽在孩子兩歲之前和他沒有健全的互動、沒有充分理解孩子的感受，孩子的叛逆期就會比較長。相反地，不管媽媽有多忙，都和孩子有互動、理解孩子的感受，孩子就不會有那麼激烈的反抗期。

「理解孩子的感受」和「什麼都聽孩子的」是有區別的。我們舉個例子。

某個夏天，媽媽帶著反抗期的孩子來到超市。買完東西捧著一大堆東西正要離開時，孩子突然開口：「媽媽我要喝冰果汁。」A媽媽生氣地說：「不行。家裡有果汁，你忍一下不行嗎？而且，下午吃點心的時間也快到了，爲什麼你不能

忍一下呢？」另一位遇到一樣情況的B媽媽則是回答孩子說：「今天真的好熱，媽媽也口渴了。現在先忍耐一下，家裡冰箱裡有果汁，等等和點心一起吃。」

反正不管你怎麼說，孩子都不會聽。但是，A媽媽的孩子會不停地喊：「我要果汁，我要果汁！」站在馬路中間，越喊越激烈，沒完沒了。可以想像，A媽媽心裡一定想著：「又來了，反抗期真是好麻煩，我都煩了。」那麼，B媽媽的孩子呢？一邊說：「我要果汁，我要果汁！」一邊不情願地跟在媽媽後面回家。

A媽媽沒有接受孩子的任性，一開始就否定孩子，還在路上說教。

B媽媽是首先表示理解孩子的感受，再進行必要的引導。

最大的區別在於能否理解孩子的要求，願不願意花一、兩分鐘和他們溝通。就算我們知道B媽媽的溝通方式比較好，但是日常生活中很難有那麼多耐性。

A媽媽和B媽媽也許天生具有的共感能力沒什麼差異，但不是每一位媽媽都能自然地發揮這種能力，有的媽媽可以，有的媽媽就不一定。

這種差異和「否定依附」是同時存在的。

B媽媽的「否定依附」情節輕微，屬於愛自己，能自由選擇喜歡的蛋糕的那類人。另一位A媽媽「否定依附」的狀況較爲明顯，是容易限制自我情感的人。A媽媽的孩子在不知不覺中，似乎在抗議母親心靈的這種限制。

3. 反抗期的孩子折磨媽媽，企圖修正「否定依附」

反抗期的年紀，也正是孩子學習語言並自由運用的時期。孩子們開始向父母傳達以前無法用語言表達的感受。而且，這時的孩子還不懂外面的世界，保有純粹的心，不會被社會上的「規範」與大人的想法所拘束。

因此孩子們會說出一些不可思議的奇妙話語。這些話在大人聽來無法理解，所以經常左耳進右耳出，或是覺得不合理所以聽過就忘。例如，夫妻不睦的家庭，父母一天到晚吵架。孩子看到這種情況會說：「媽媽好可憐，我是從天上掉下來保護媽媽的。」先不管這句話的眞實性，但這話確實表達了孩子看著媽媽整天被爸爸欺負，而想要保護媽媽的心情。孩子不知道大人之間發生了什麼，或是爸媽爲什麼會結婚，他只是單純覺得媽媽好可憐。能說出像「我是從天上掉下來保護媽媽的」這麼不可思議的話的孩子，一定比大人想像的要敏感、富於直覺。

在保持著單純的同時，可以自由運用語言的反抗期的孩子，他們對父母的內心痛苦與扭曲——也就是「否定依附」，是非常敏感的。

父母如果心裡有很多忍耐，就會對自己特別嚴格。因爲他們一直以來都在壓抑，逼迫自己必須努力，不容許自己任性，也會責怪自己不夠努力。他們用非常嚴格的標準要求自己，這些嚴格的行爲標準是內心痛苦的體現。

如果媽媽是一個對自己要求嚴格的人，她們會同樣嚴格地教育孩子。用自己的標準教育孩子，結果就是，嚴格規範比體會孩子感受更爲優先。這會導致孩子的反抗期非常激烈，孩子會抗議媽媽「超乎正常的嚴格」。來看看這對母子吵架的內容，就會明白我的意思。

三十七歲的媽媽C，有個四歲的女兒小K，她們是單親家庭。反抗期的女兒最近穩定下來，C好不容易能稍稍放心，可是沒過多久女兒又故態復萌。

前幾天，媽媽C一結束工作，馬上就去托兒所接小K。回家路上，小K說要在公園玩一會兒，無論媽媽怎麼勸都不願意回家。

「媽媽，我們去公園玩，去公園，想去公園。」

「今天在托兒所玩一整天了，差不多了。明天可以繼續跟其他小朋友玩喔。」

「不要，我要去公園玩。」

「快天黑了，要去公園玩什麼？」

「溜滑梯和盪鞦韆。」

「托兒所裡也有啊，今天不是和小朋友一起玩過了嗎。」

「玩過了，但是還想玩。」

「今天媽媽好累，等下吃完晚飯，媽媽還要工作，早點回去吧。」

「不管啦，我要玩，我要玩！」

C媽媽是一個共感能力很強、體貼的媽媽。她最後還是帶著小K去公園玩耍。小K一到公園就開始盪鞦韆，偶爾也會探頭看坐在公園椅子上的媽媽。而

C媽媽拿出記事本在思考工作，自言自語：「明天是周六，一大早去上班，今天大概又要弄到很晚。」當她無意中抬起頭，正好與朝這邊看的小K視線交會，便笑著和她招手，然後又埋頭想著工作。這時候，可能是心理作用，媽媽好像聽到小K在喊：「我要和媽媽一起玩。」但是發現小K並沒有看過來，她突然意識到「我沒有陪她，只是讓她一個人在那裡玩。」是的，她腦子裡總是裝滿工作，每天接送去托兒所的時候、做飯的時候、洗澡的時候，雖然母女一直在一起，但她滿腦子都是工作和家務。

後來，她闔上記事本，向鞦韆走去，站在鞦韆旁邊看著玩得開心的小K。雖然是單親家庭，但是她覺得能和小K在一起很幸福。

過了一會，女兒小K開口。

「媽媽，馬上要天黑了。我們回家吧。你累了嗎？。」

「媽媽不累，別擔心。我們回家吧。」

「嗯嗯。」

在這之後，小K的反抗期就結束了。

孩子對內心的變化是非常直接且敏感的。他們能以直覺感受到那些大人可能注意不到的情感，並且用言語表達出來。

4. 受虐的孩子沒有反抗期

反抗期是人生裡第一次強調自我主張的重要時期。這個時期能夠發展的前提是，母子間是否建立了健全的依附關係。

有些孩子沒有反抗期。

母子之間沒能建立健康依附關係的孩子，也就是受虐的孩子，他們沒有反抗期。他們的害怕根深柢固，會想如果反抗媽媽，是不是會遇到更糟的事，甚至被媽媽徹底拋棄。所以，他們不會說「不要」，或是會戰戰兢兢的拒絕後又很快放棄反抗。

那麼，沒有反抗期的孩子會變怎樣呢？

答案是，逐漸失去「自我主張」。

不會「自我主張」的孩子

沒有反抗期的孩子是怎麼生活的？沒有自我主張的孩子如何生存？

以下場景發生在幼稚園。一個孩子拿著玩具在房間角落裡玩，另一個孩子過來把玩具搶走。這時候被搶走玩具的孩子會有什麼反應呢？假設把玩具被搶走的孩子分成三種，小A、小B以及小C。

小A哭著向老師求救。

小B對搶走玩具的孩子說：「這是我的，還我！」再把玩具搶回來。

小C一句話也不說，只是看著玩具被拿走，自己再去找其他玩具。

小A和小B是有自我主張的孩子。小A哭著向老師求救，發出「救救我」的訊號。小B自己把玩具搶回來，展現堅強的一面。

但是，小C卻沒有堅持自己的主見。即使他很想玩那個被搶走的玩具，可是他很快放棄，選擇重新找其他的玩具。這是一個沒有反抗期的孩子，家裡沒有人教過他什麼是「自我主張」。

像小C這樣的孩子，童年時的經歷會在他長大以後留下許多影響。譬如，第一章裡選蛋糕的例子。當有人把第一個選擇的權力交給他們時，他們的困惑、不安要遠遠大於高興。

沒有反抗期的孩子，有時痛苦會以精神疾病的形式表現，主要是「反應性依附障礙」（Reactive Attachment Disorder）和「去抑制社交參與異常」（Disinhibited Social Engagement Disorder）兩種，都屬於依附關係障礙。

依附關係障礙的兩種類型：「反應性依附障礙」和「去抑制社交參與異常」

「反應性依附障礙」和「去抑制社交參與異常」是因受虐而引起的「創傷後

壓力症候群」，記載於世界通用的精神科診斷標準《精神疾病診斷與統計手冊（第五版）》（DSM-5）中[1]。

假設一群孩子們在托兒所或幼兒園的遊樂區裡玩，有個孩子在追逐的過程中摔倒了，膝蓋上流了好多血，看起來很痛。

如果是小A，他會一邊大聲哭一邊去找老師，然後抱著老師。老師一邊安慰他，一邊替他止血、處理傷口。老師幫他處理完傷口以後，他應該也安心許多，對老師露出一個微笑。

小C會怎樣呢？他沒有哭，只是忍著痛看傷口流血，表情也沒什麼變化，他沒有對任何人發出求救信號。過了一會兒，老師發現了他，替他處理傷口，他全程沉默寡言。處理完畢之後，他也只是低著頭回到自己的教室裡，沒有任何安心的表情。小C的表現符合「反應性依戀障礙」的症狀。在DSM-5裡，「反應性依戀障礙」的症狀描述如下：

> 就算是感到痛苦的時候，對照顧者也只會尋求最低程度的幫助。就算得到其

他人幫助，也只會做出最小的反應。不和別人交流、不表達情感（尤其是積極的情緒），總是感到憤怒、悲哀與恐懼……（筆者總結）

而另一種障礙，「去抑制社交參與異常」，和不會主動靠近照顧者和其他人、不會求救的「反應性依附障礙」相比，其表現方式截然相反。

小學二年級的女孩一個人在公園盪鞦韆，表情看起來有點悶悶的。這時一位年約四十幾歲的男性經過，小女孩突然從鞦韆上跳下來，靠近且不認生地朝著男性微笑，那位男性也回了她一個微笑。只不過男性離開之後，女孩的表情一下子恢復成本來的樣子，繼續一個人盪鞦韆。

小女孩的行爲不是因爲她具備良好的依附關係，而是過度地試圖迎合大人（反應過剩），其實他們心裡是空虛的。

---

1 《精神疾病診斷與統計手冊第5版》（*The fifth edition of Diagnostic andStatistical Manual of Mental Disorders, American Psychiatric Association*）。

根據DSM-5的診斷標準，符合「去抑制社交參與異常」的孩子，並不害怕主動接近沒見過的大人，並出現過於熟稔的言語或肢體行爲。但是，當大人或照顧者離開的時候，他們並不會回頭或追隨……（筆者總結）

因爲害怕照顧者和大人，他們總是露出笑容，想討大人們的歡心。家庭對他們來說並不是一個能夠感到安心、安全的地方。

「反應性依附障礙」和「去抑制社交參與異常」的根源是：孩子從小沒有受到健全的養育（也就是虐待及忽視）。

以上兩種古怪行爲是因受虐而引起的行爲中比較「極端」的。但正因爲「極端」，才能顯示出人類深層心理的動向。

就算是沒有受虐的孩子，也會有表情悶悶的、和家人關係緊張的時候，也會出現和「反應性依附障礙」和「去抑制社交參與異常」相似的症狀。在公園裡跌倒時可能也不會哭，遇到困難時也可能會猶豫要不要求救，也可能總在學校裡「扮演」好學生。

總之，一個在家庭裡建立健全依附關係並快樂成長的孩子，在經歷第一次反抗期之後，會成爲擁有自我主張的孩子。經歷反抗期後，他們的心理發展會達到小學生的水準。

第三章

小學生如果延續了父母的人生觀，就會相對安定

為了能在學校社會生存，小學生也需要有自己的人生觀

反抗期結束以後，從四、五歲到十二、三歲之間的心理發展階段被稱爲「學齡期」（兒童期），大約等於是小學期間。到了學齡期，孩子們會發展自己的「人生觀」。所謂人生觀是指，在社會生活中發展出一套「屬於自己的做人方式」。就算是小學生，要是沒有自己的爲人處事方式，就無法融入學校生活，因爲如果在學校沒有自己的主見，就無法確保自己的立足之地。

孩子有了自己的人生觀以後，父親（第二照顧者）的影響力就會變大。父親，象徵的是社會。如果是雙薪家庭、或是沒有父親的單親家庭，母親除了原來在家庭中的面向外，社會面向也會變得更加重要，孩子會開始對媽媽的工作感興趣。

1. 小學生也需要人生觀的理由

小學就是以孩子爲主體的社會

在托兒所和幼兒園，孩子們還不需要人生觀。因爲那裡，孩子的社會還不存在，大人們（如老師或父母）一定會介入到孩子的群體裡。孩子們也是平等的，被視爲「一樣的孩子」。無論是來自富裕家庭還是貧困家庭，無論是否擅長畫畫，也許大人會在意這些，但孩子們對此都無所謂，小○和小△都是一樣的夥伴。

但是進入小學後，情況就變得複雜了。因爲孩子們視野變得開闊、懂得更多，開始建立了孩子自己的小社會。我們稱爲「學校社會」。

到了那個階段，孩子們開始脫離大人們（老師或父母）的介入與干預，和圈子裡的其他孩子交往。孩子們已經不像在托兒所、幼兒園裡「大家都一樣」，而是出現各種個性，小○擅長學習，小△跑得快，小×個性忠厚老實，小□喜歡美食……。他們互相接納、認可，形成一個學校社會。因爲是社會，就會出現領導的孩子、跟隨的孩子，或是想和人保持距離的孩子。然後，在學校社會裡他們開始調整與周邊朋友的關係，也開始在沒有老師的幫助與介入下解決問題。如果出現很大的衝突，老師及父母可能會介入，但是日常小事，孩子們靠自己的力量解決問題。

依附形成期或是反抗期的孩子，對事物的看法是從母子間，擴展到與父母、兄弟姊妹，最後擴展到整個家族。但到了學齡期，心理發展會延伸到社會（學校），出現「在家」和「在學校」兩種面向。

如果有人跟一個學齡期孩子說：「你在家那麼任性，但是在學校很優秀、很乖巧。」我想學齡期孩子都明白這句話的意思，因爲他們能區分家與學校的不同。幼兒期的孩子聽到這句話則可能沒什麼感覺，也不能理解這些，因爲他們的心理發展狀態是不同的。

如何在學校社會裡找到屬於自己的立足之地

在脫離父母，老師的照拂後，孩子們必須依靠自己融入學校社會，尋找到屬於自己的立足之地。

在家裡，孩子藉由依附的本能靠近媽媽（照顧者），並透過媽媽的回應找到自己的立足之地。可是，在學校社會中，大家都是平等的。沒人能像媽媽一樣可以無止盡地包容接納。所以，孩子需要透過自我主張，得到夥伴的認同，確保自己的立足之地。

孩子們在學校社會裡主張的自我價值，就是他們的人生觀。要是沒有這一套價值觀，即使教室裡有他們的座位，可能也找不到內心的歸屬感。

能否主張自己的人生觀且創造屬於自己的立足之地，會決定他們能不能很好地融入學校社會。要是能堅持自我主張，孩子會有十年開朗、健康、安心的學齡期。

雖然不多，但也有少數的孩子不會自我主張，所以很難融入學校社會。他們得不到其他人認同，總是感到孤立，甚至還會被霸淩。要是情況嚴重，也會有拒絕上學、自我封閉的可能。

2. 能學到父母人生觀的孩子是幸福的

人生觀是指，與夥伴互相認同的做人方式

所謂人生觀，是對於生存方式的整理和總結，例如人應該如何生活、人生目標是什麼，做人的價值重點是什麼等等。每個人都有這種對整個社會發出「我是這樣做人」的自我主張信號。不光體現在語言上，還會透過服飾、愛好、生活方式表現。被他人接受而放鬆的同時，也會在社會上找到屬於自己的立足之地，擁有被接納的安心感。

有些人的人生哲學是：「錢是世界上第一重要的東西！」然後去尋找會回答他「沒錯，我也是這麼想！」擁有相同人生哲學的人。如果對方回答：「的確，

錢很重要」。那麼他就會有被其他人接納的安心感。但如果對方反對：「不會啊，世上有比錢更重要的東西。」就可能會引發爭論。

在這種情況下，即使對方不贊同自己的看法，但能一起討論這個話題，也是因爲你們都接受對方和自己有不同的觀點。你這樣想，但我不是，我們互相包容社會上的不同。認爲「金錢是一切」的人生觀就算得不到全社會的贊同，但至少讓社會上其他人明白「有一部分人是這麼想的」，這也是一種人生態度。

但是，社會上也有一部分不被認同的人生觀。要是說出來，會遭到大家的批評，或者因不被理解而被疏遠。

比如，有個小學生說：「老師是最偉大的，我們必須要聽老師的。」我們先不說這位同學是不是低年級的，但隨著他升到高年級，一定會被周圍同學討厭。同學們會覺得他老是對老師畢恭畢敬，裝出一副好學生的樣子，這孩子可能就會被其他同學孤立，甚至被霸淩。

小學生的人生觀不會超出父母

孩子們進入學校社會以後，開始表達自我主張。可是，這個階段的孩子還不能自由選擇自己的人生觀，因爲孩子只知道父母的人生觀。

把學歷擺第一的人生觀，把金錢擺第一的人生觀，把友情擺第一的人生觀，把競爭擺第一的人生觀，認爲一個人生活最自在的人生觀，認爲互助最重要的人生觀。父母的人生觀形形色色，只要不是太極端，一般都能被學校社會接受。孩子在還無法判斷好壞的階段，就在不知不覺當中，被父母的人生觀所影響。

在延續父母人生觀的情況下，孩子們會表達「我喜歡這個」、「我想做這個」、「這是一件好事」、「那件事我不能做」。

我們仔細觀察每一個小學生，會發現他們的自我主張，同時也可以想像他們父母的人生觀。

有些孩子和朋友交往的時候比較謹慎，或許是受到父母某一方的影響。看到自由奔放、能發揮出特長並勇於追求喜愛事物的孩子，我們也可以想像他的父母也抱持自由且開闊的人生觀。

若問小學生：「你的人生觀是什麼？」他們多半無法用語言表述，但是他們肯定有一個答案。這些並不是他們到了小學，父母才教的，而是孩子們從心理發展階段的幼兒期就已經受到父母人生觀的影響。所以，進了小學以後，就算父母突然說：「你要好好讀書，用功第一」也已經晚了，因爲孩子遵循的是在這之前父母呈現給他們的人生觀。

孩子選擇的人生觀種類——感受自己內心矛盾的力量

雖說學齡期的孩子無法超越父母的人生觀，可是仔細觀察的話，會發現他們是在這些基礎觀念上雖說再加入自己的理解。小孩的人生觀看上去和父母一樣，但不完全一樣。這裡面有原本就被注定的「必然」，也有孩子們選擇的「自由」。

能否營造和父母不同的「獨特」生存方式，與每個孩子天生擁有的「內心觀察力」的強弱有關。

「內心觀察力」是指，是否能夠敏感地感受到自己的內心矛盾的一種力量。

比如，父母教孩子「不管是誰，都要跟他做好朋友喔」這樣的人生觀，但這孩子在學校卻被其他孩子欺負。這時候，孩子會感到疑惑：「我一定要和那些欺負我的人做朋友嗎？」如果孩子能把這些疑惑告訴父母，表示那個孩子的「內心觀察力」很強。相反地，就算被欺負也不在意、不會質疑父母的話的孩子，「內心觀察力」就比較弱。

每個孩子都可以在各種場合發揮「內心觀察力」。

前面提過，反抗期的孩子會試圖修正父母內心的「否定依附」。我們來複習前面提過的C媽媽與小K的例子。單親C媽媽去托兒所接小K，回家路上小K吵著要去公園玩，而且怎麼勸都不聽。但這個行爲卻修正了C媽媽的人生觀。小K感覺到雖然媽媽說要和她一起玩，但是媽媽一直想著其他的事，注意力根本沒有集中在她身上，這時候小K就是發揮了她的「內心觀察力」。

一邊順從父母的人生觀，一邊加上自己的價值，這份力量會在下一個心理發展階段——青春期時開花結果。

大多數的小學生都是以父母的人生觀爲基礎，在學校裡自我主張、自我表現、交朋友與學習，強大豐富自己的內心。

因爲相信父母，孩子很活潑。

因爲相信父母，孩子很自信。

因爲相信父母，孩子才能安心追求自己喜歡的東西，在某些領域甚至不輸給大人。在可以信賴依靠的父母身邊長大的孩子，非常幸福。

3. 跟不上父母「步伐」的孩子

有些父母的人生觀非常極端，譬如要求成績勝過一切，一直逼迫孩子用功讀書。要求孩子成績必須是全班第一、全年級第一，一定要考最好的中學。在這些要求下，孩子逐漸跟不上父母的「步伐」。但孩子除了跟隨父母的人生觀以外，沒有其他選擇。所以，他們會責備自己、並更加努力達成父母要求，導致生活過度緊張。這種狀態持續下去，將身心疲憊，出現各種病痛或症狀。像是原因不明的腹痛、頭痛、咬指甲、脫髮症，圓形脫髮症、抽動症、選擇性沉默、夜尿症，甚至會拒學、校園霸淩等。這些都是孩子努力想要順從父母的價值觀，導致自己過度緊張而產生的求救訊號。

父母的人生觀變成孩子的包袱——脫髮症

這是發生在某個家庭的事。小學四年級的小R突然被父親要求考進明星中學，一直要求她用功。剛開始，晚上爸爸會輔導、檢查她的作業，她還滿開心。但是隨著爸爸的要求越來越多，被逼著完成越來越多課外作業，小R逐漸害怕起晚上爸爸來檢查作業的時刻。當爸爸每次朝她責怪大吼：「這麼簡單的問題妳怎麼都不會？」她就開始拚命敲自己的頭。以前她很開朗，總是在餐桌上和家人分享在學校的事，但是現在變得沉默寡言。那個開朗活潑的小女孩不再大步向前走，而是低著頭畏畏縮縮。有一天媽媽在家打掃時發現小R的書桌周圍掉了好多頭髮。再仔細看看孩子的頭頂，才發現頭髮變薄了許多。這就是脫髮症。小R一坐到書桌前，就控制不住地拔自己的頭髮。

孩子信賴父母，所以她無法反抗爸爸。她一直努力忍耐，連自己都沒察覺拔頭髮的行爲。媽媽一直反對小R考難度高的中學，她覺得讓孩子過得快樂最重要。這是她的人生觀。所以當丈夫提出要孩子考優秀的學校時，夫妻之間有過很多次口角。媽媽看出來小R正在被折磨，所以她努力說服丈夫，也因此爭吵過很多次，媽媽爲了小R甚至考慮過離婚。最後爸爸妥協了，小R沒有參加考試。過了不久，小R恢復成原本活潑的樣貌，烏黑的頭髮也重新長出來。

產生壓力的「糾葛」，從進小學後就開始建構、成形

所謂壓力，是指內心的緊張。小R的內心緊張是：

A「我必須順從父母。」

B「可是，我覺得好痛苦。」

這樣的內心衝突就導致緊張。

覺得應該要A，但是做不到B。這個結構就是內心緊張的原因。在A與B的對立之中，想盡量達成A而埋頭努力、死命忍耐的狀態，就是「糾葛」。其實每個人的內心緊張、壓力與煩惱，全部來源於「糾葛」。人生諸種的煩惱根源裡一定有非常強烈的「糾葛」。大腦形成這種糾葛的結構的時間，就是學齡期。

A是「我應該……」的生存引導，在這背後是當事人的人生觀。小R企圖順從爸爸的人生觀就是一個例子。

而B是小R當時真實的感受。

到了學齡期，孩子們開始有自己的人生觀，「糾葛」理所當然地出現。如果A和B的衝突感不太強烈，孩子們一般會努力做好功課、完成任務，幸福地度過學齡期。可是，爸爸的極端人生觀激化了A和B的衝突，壓力大到使小R無法忍受。

對於強迫要求自己考明星中學的父親，孩子很難說出：「好煩，我就是不想考！」這句話要等到青春期的階段才說得出口。學齡期的孩子相信自己應該順從父母，無形中企圖保護父母的人生觀。因爲無法表達（或不能）抱怨，才會出現脫髮、抽動等異常行爲，或是出現頭痛、腹痛等身體症狀。當孩子進入了青春期，敢反抗父母的時候，脫髮與抽動等症狀就會消失，另一方面，會出現青春期特有的「糾葛」。

4. 五個「心理發展階段」

「心理發展」的起點是對「安全感」的期盼

針對心理發展，我們在前面探究了嬰幼兒期、反抗期到學齡期。所謂的心理發展，代表了我們透過心理層面，不斷擴展對世界的理解。爲什麼會想要更理解這個世界？因爲人類渴望更確實的安全感。

譬如你家隔壁搬來新鄰居，一開始你不知道對方是什麼人，會有點戒心。可是如果對方主動打招呼並交談幾句後，你就會安心不少，因爲你大概知道對方是什麼樣的人了。一樣的道理，我們對從來沒接觸的領域，也是透過認識而感到安心。我們內心總是在追求更踏實的安全感，想尋求更多人都接受的普遍認知，這就是心理的發展。

剛出生的寶寶，只知道自己周圍的世界（大概就是嬰兒床空間吧）和眼前的媽媽（主要照顧者）。當他理解自己和媽媽的關係以後就會安心。到了反抗期，世界就不光是父母，會延伸到兄弟姊妹、幼兒園的朋友。到了學齡期，又會認識到學校這樣一個多元社會。在學校裡，他們首先理解自己與同學的關係，再理解學校是個怎樣的組織。透過各種方式確保自己在學校裡的「立足之地」，從而獲得安全感。

不久的未來，這樣的理解會延伸到更廣闊的社會、國家、民族、人類、地球，甚至宇宙。

內心的擴展、多元化，也就是心理發展，不僅指對物質空間認知的擴大，還是更能理解在這個空間裡，自己如何生存，以及與他人建立並維持何種關係才能擁有安全感。從自己與媽媽（照顧者）的世界開始，這樣的認知拓展到家庭、學校、乃至整體社會，並且意識到與他人要保持怎樣的關係，才會讓自己更安定。

而我們的心理發展要擴展到對宇宙的認識，通常分

艾瑞克森		本書		內心擴大
八階段	發展任務	五階段	發展任務	
1. 嬰兒期	基本信任	1. 嬰幼兒期	依附關係的形成	家
2. 幼兒初期	自律性	反抗期（第一反抗期）		
3. 遊戲期	自主性	2. 學齡期	繼承父母價值觀	學校
4. 學齡期	勤勉性			
5. 青年期	自我同一性	青春期（第2反抗期）		
6. 成年初期	親密性	3. 成年 I 期	確立自我責任感	社會
7. 成年期	生殖性	4. 成年 II 期	確立父母性	人類
8. 成熟期	统合	5. 成年 III 期	接受死亡	宇宙

圖一 心理發展階段

參考出處：艾瑞克森《自我認同與生命週期》，（*Identity and Life Circle*）

爲數個階段。

艾瑞克森提出的心理社會發展論是最廣爲人知的心理發展階段理論。他把心理發展分成八個階段，請參考上頁圖一，其中左半部分爲艾瑞克森的理論。

本書使用的分類落在圖的右半部，也是我在實際臨床上對病人的診斷以及督導心理治療師時使用的分類。我的分類以艾瑞克森的分類爲基礎，有一部分是重複的，區別在於我加入反抗期，另外將艾瑞克森說的「青年期」改爲「青春期」。我不是單純地把青年期改成了青春期，我認爲青春期並非穩定的心理發展階段，而是學齡期到成人期的過程當中的過渡階段，所以與反抗期不同，我沒有將之編號並歸納爲一個獨立的心理發展階段。

第一個階段，也就是艾瑞克森說的「嬰兒期」，和本書說的「嬰幼兒期」是完全一致的。關於這個階段的發展任務，艾瑞克森定義成「基本信任」；本書稱爲「依附關係的形成」。雖然用詞不一樣，但原則是一樣的。

發展任務是指，能否獲得屬於各個階段的心理安定。在第一階段「嬰幼兒期」中基本信任是指對父母的信賴感。依附關係的形成是指從父母那裡獲得安全感，最終自立。有了信賴感與安全感，寶寶的內心會在嬰幼兒期趨於穩定；相反地（若未完成課題），心理上就會持續維持在非常緊繃的狀態。

「心理規律③」心理發展不可逆

第一章中我們討論了與生俱來的依附，其中提到兩個「心理規律」，分別是依附關係的形成與否定依附。

第二章中提到叛逆期一定是在依附關係的形成之後出現。接著是心理規律③：「爲了追尋更多的安心感，依序經歷五個心理發展階段。」如前所述，心理之所以要發展，是因爲需要更確實的安全感，而五個心理發展階段會依序進行，不會跳過或倒退。要是達成了某個階段的發展任務，就表示在這之前所有階段的發展任務都已經達成。總結這三個規律如下：

心理規律①人一出生就有對依附的渴望，一生都會期望與他人產生連結。

心理規律②心理創傷是指否定自己渴望被愛。這種否認使人痛苦。

心理規律③爲了追求更多的安全感，依序經歷五個心理發展階段。

5. 無法延續父母的人生觀的孩子，會被誤解為發展障礙

要融入學校社會，必須要靠「人生觀」來協助我們建立良好的人際關係。我們的處世之道一開始都是從父母那裡學來，再變成自己的。可是，受過虐待的孩子無法延續父母的人生觀，因爲會虐待孩子的家長大多缺乏足以被社會認可的人生觀，即使有也非常極端。孩子無法將這些「人生觀」作爲自己的價值觀來學習。

這些孩子，尤其在小學低學級時很難融入校園。他們沒辦法表達自己的主張，無法讓其他孩子認同自己的存在。某個受虐兒童是這樣說的：「在教室裡，我總是孤伶伶一個人，無法融入其他人。」這樣的孩子很容易被認爲是有發展障礙的特殊孩子。

爲什麼受虐兒童「聽不懂」老師說的話？

對受虐兒童來說，他們很難理解周圍的孩子是用怎樣的心情玩耍、學習、交友。

譬如孩子向其他孩子炫耀說：「昨天是我生日，媽媽給我買了○○遊戲！」孩子們可能是這樣回應：「哇，眞好！好羨慕喔！」或者可能是：「好棒喔！祝你生日快樂！」當然也有一些負面的回應，像是「那個遊戲又不好玩」、「那個遊戲我早就有了」。不過無論如何，孩子首先通過自我主張（炫耀）得到很多不同的反應，然後是心與心的交流。這就是和朋友在一起的意義，有的愛炫耀，有的愛反駁，在交流過程中，他們都找到屬於自己的立足之地。

可是，受虐兒童無法理解爲什麼同學愛炫耀，從來沒人替他過生日，也沒得到過父母送他的禮物。所以他不知道應該做出什麼反應，只能沉默站在一邊，無法融入在群體的互動交流，最終被摒除在外。

和別人不一樣，沒有「夥伴」概念的孩子

另一個案例是發生在上體育課的時候。

老師向大家大聲喊：「同學們，過來集合！」幾乎所有孩子們都朝老師身邊聚集，但受虐的孩子對老師的呼喊沒什麼反應，只是孤伶伶躲在角落裡。如果這種情況常常發生，他們會被認爲是無法參與集體活動、不理解老師的指令，無法融和進同儕中，有點奇怪的孩子。最終可能會被誤解爲有先天性發展障礙。

因爲被懷疑是自閉症（自閉症類群障礙）或是注意力不足過動症（ADHD），而被帶來我的診所的孩子裡，就有這樣的情況。

發展障礙的診斷是基於孩子是否具備與年齡相符的社會常識、理解能力，以及能否和他人正常交流來進行判斷。以小學低年級的孩子爲例，我們會按孩子們是能夠達到最基本的幾項標準來進行判斷。然而，若只依循這些標準，我們可能會覺得無法回應老師的孩子是心不在焉、反應遲鈍，因此懷疑他有發展障礙。

然而，如果不要被所謂的「常識」束縛，在認眞聽完孩子說的話以後會發

現：他們其實是以自己的方式理解自己在學校中的處境。

在診間裡，我對小A提出疑問：

「體育課時，老師說『大家過來集合』的時候，你爲什麼沒過去呢？」

「……」小A露出緊張、嚴肅的表情，沒有回答我的問題。

「是覺得『大家』沒有包含自己嗎？」

「對……」小A回答，表情放鬆了些。

「爲什麼小A不加入『大家』呢？」

「因爲不管在家還是在學校，我都是一個人。」

「原來是這樣。那麼老師叫大家過去的時候，有什麼想法呢？」

「嗯……我不知道該怎麼做……」

看起來，小A並不覺得「大家」中包含自己。或許因爲他沒能融入到生日禮物的話題裡，所以產生這種想法。所以，也就不知道若是眞的聽從老師的喊話集合會不會被罵。認爲自己不屬於「大家」的理解並不普遍，因此很容易被誤解爲發展障礙。

事實上，小A並沒有發展障礙的問題。他能夠正確理解與記憶當時的情況，也了解自己不回應的理由，因此小A應該是很聰明且穩重的孩子。另外，他可以對自己進行客觀的評價分析，且正確說出「不管在家還是在學校我總是一個人。」這反而正好說明他是一個「內心觀察力」很強的孩子。

像小A這樣的孩子升上高年級後，能夠適當回應老師，也會和周圍同學做朋友。那些發展上的「問題」會自然消失，他們甚至還會成爲理解大家、善於回應大家的「優等生」。那是因爲他們理解校園這個小社會的構造，並且學會如何在這個環境下生存。從來沒有人教過他們融入社會的方式，他們靠自己理解。這種理解因爲沒有受到父母人生觀的影響，反而讓他們成爲完美、沒有瑕疵的「優等生」。

如果我們用這個視角去觀察小學生，或許能發現平時沒注意到的事。每個班裡應該都會有一、兩個像小A這樣的孩子。

學齡期的孩子可能會有兩種發展。一是信賴父母並獲得安全感的「普通孩子」；另一種則是嬰幼兒期沒能和媽媽形成健全的依附關係的「受虐兒」。

信賴父母並獲得安全感的孩子，以父母的人生觀爲基礎創造出自己的價值觀。另一方面，沒能和媽媽形成健全依附關係的孩子，爲了適應校園生活，經歷了一些苦難。就算他們堅持到學齡期，校園生活也使他們感到精疲力盡，無法自由表達自己。

說明心理成長和心理規律時，插入受虐兒童爲例的理由之一是，筆者長年從事受虐兒童和受虐者（帶著童年創傷長大的人）的心理治療工作。另一個理由，也是最重要的理由是，透過理解他們（受虐者）的內心感受、痛苦和委屈，才能更鮮明地看到「普通」人的心理發展和成長過程。也就是說，或許只有理解他們的痛楚，才能更好地、更全面地觀察人類的心理運作。

要看見那棵最不同的樹，我們才能眞正看見整個森林的模樣。

第四章

第一次對「命運」的自我覺醒，就是青春期

反抗父母，超越父母的人生觀

青春期也可稱爲第二叛逆期。第一叛逆期是兩歲以前的反抗期，建立在有充分母愛的基礎上。同樣地，第二叛逆期（青春期）是在延續了父母人生觀的學齡期以後出現的。反抗父母的目的是要求與父母平等，並超越父母。

1. 不打破陳舊的親子關係，就不會有新的開始——青春期

出生以後一直在父母的保護下，依賴著父母長大的孩子，到了青春期會試圖離開父母，追求屬於自己的自由。他們不僅尋求被保護的安全感，還期望與父母平等，想要更多自由，也想自己決定各種事。

每個人的內心始終是嚮往安心與安全感。正因爲這樣，在心理發展的各個階段，人們會控制自己的自由範圍，因爲無限的自由帶來的不穩定反而讓我們有種不安全感。在學齡期，孩子將自由的範圍限制在父母人生觀的框架內。

父母呵護孩子，疼愛孩子，用自己的生活方式（人生觀）教導孩子，這是父

母的存在意義與使命。孩子信任父母，繼承父母價值觀的孩子們可以在校園裡摸索出屬於自己的立足之地，這是孩子的幸福，也是使命。學齡期的孩子和父母互相設定各自的「心理範圍」，在不跨越這個範圍的情況下穩定生活。

如果想要眞正站到與父母對等的地位，必須突破「聽父母的會比較安心」的框架。可是，心理框架就像法律，除非被正式廢除，否則還是會持續有效。所以需要採取極端手段來破壞，否則只會停滯不前。

如果不打破過去的親子關係，孩子永遠會依賴、順從父母，父母也會一直把孩子當孩子看，孩子的潛力會受到阻擾。生活在彼此的安心舒適圈裡，要突破這種關係實際上非常困難，會帶來痛苦。當父母意識到孩子開始有和自己不同的生活方式和想法的時候，或許會覺得寂寞失落。孩子也必須離開父母，獨自面對這種孤獨。

爲了成長，孩子試圖打破已顯陳舊的心理約束框架，這個過程就是青春期的眞正意義。

青春期獲得的自由和第一次叛逆期有什麼不同？

在第一次叛逆期，孩子獲得的是決定行動時機的自由。得到「（做還是不做）我自己決定！」的自由。要不要吃飯不是由父母決定，是自己決定。什麼時候吃也由自己決定，換句話說，我們可以理解成孩子獲得自律能力。但是這個階段的孩子只能決定行動的時機，無法決定要做什麼。比如，媽媽說：「走，我們去幼兒園」的時候，孩子可能會因爲想自己決定而拖延或鬧小脾氣。但是目的地是由父母決定的幼兒園，孩子無法改變，也不會想要去改變。到了學齡期也是這樣，什麼時候寫作業可以自己決定，但是沒有不寫作業的自由。去哪裡、做什麼都由父母決定，孩子不會產生疑問。

到了第二次叛逆期的青春期，孩子想自己決定「什麼時候做」和「去哪裡」。這就是第二次叛逆期時想得到的自由。想自己決定去哪個學校，上學或是不上學。甚至可能會選擇不做作業，而是選擇做其他事，比如在夜晚與朋友一起出遊。

從自覺到順從父母的命運

在青春期，當孩子擴大自己的自由範圍，才會初次意識至今一直束縛他們的東西，也就是未察覺到的「命運」。命運是指他們無意識遵循的價值觀，也就是父母的價值觀。以前因爲沒察覺到，所以也沒想過去改變。

可是，當他們開始想要獲得自由的瞬間，就會意識到自己一直過著被父母決定的人生——被決定好的命運，接下來就會想要改變。一直以來奉行讀書至上的孩子開始對此產生懷疑，質疑人生是否只有用功讀書。覺得和睦最重要的孩子，開始思考看別人臉色做事會不會讓自己更加疲倦。

青春期時，孩子會進一步認識自我、重新認識父母的價值觀，並反抗它、破壞它，決定自己要創造什麼樣的人生。

2. 激烈與溫和，叛逆期的三種模式

第二次叛逆期（青春期）在心理上達成的目標是：

- 學齡期前，孩子和父母擁有同樣的人生觀，一起生活。
- 叛逆期以後，親子間產生了各自不同的人生觀。
- 最終雙方認同與包容相互的人生觀，尊重彼此。

與父母對等，代表著可以一個人在社會上立足。這就是艾瑞克森所說的「自我認同」的確立。經歷了叛逆期，孩子和父母又會回到以前和睦的樣子。若孩子能夠在叛逆期當中達成目標（心理上），便能夠建構更加緊密且和諧的親子關係。

是激烈還是平淡？叛逆期與父母的固執程度相關

叛逆期是心理發展的重要階段，每個家庭的親子互動程度，會影響叛逆期的

激烈程度，有些家庭會發生劇烈衝突，但有些只是遭遇一點點變化，類似第一次叛逆期的激烈程度取決於母親是否具有豐富的共感能力。只不過，第一次叛逆期的反抗對象是媽媽（主要照顧者），而第二次叛逆期（青春期）的反抗對象則是父母雙方。

青春期大概可分爲三種情況：「I溫和的叛逆期」「II激烈的叛逆期」與「III沒有叛逆期」。此外，圖二中所列的比例，其根據爲筆者透過診療獲得的相關經驗，不過親子問題的專家的意見也大致相同。

在精神科和心理學領域裡，有「青春期問題」的說法。部分醫院甚至設有「青春期門診」，專門服務親子之間的激烈衝突、家庭暴力，青春期獨有的精神疾病如飲食失調或強迫症，以及孩子走上歧

I溫和的叛逆期	85%	〈不會引發問題的青春期〉 父母尊重孩子感受
II激烈的叛逆期	10%	〈容易引發問題的青春期〉 父母單方面對孩子特別嚴苛
III沒有叛逆期	5%	〈沒有問題的青春期〉 被母親虐待的孩子

圖二 青春期的三種模式（由作者製作）

途等問題。然而，青春期看似是個問題多發的時期，但實際因爲這些問題來醫院治療的人整體不多，大部分的家庭在「I溫和的叛逆期」就能順利度過。

溫和的叛逆期（不會被問題化的叛逆期）

「I溫和的叛逆期」可以說是不會引發問題的青春期。父母理解孩子的感受，將自己的生活方式教給孩子。大約百分之八十五的家庭都屬於這種情況。

青春期的孩子開始對人生感到迷茫並且產生質疑、糾葛。所謂的糾葛是指，苦惱於應該按照父母的人生觀繼續生活，還是應該從父母的人生觀裡獨立。

A認同父母的人生觀，繼續做個好孩子。這樣比較安心。

B有自己的想法，要創造出和父母不同、屬於自己的人生觀。

亦即A和B的這兩種思維的對立。

A是延續至今的人生觀，而B是現實中的眞實感受，「這樣持續下去是行不通的」，也可以說是被父母決定的命運A，和想改變這種命運的情緒B的對立。

孩子在無意中會因爲無法繼續堅守父母的人生觀而感到自責。另一方面，想改變自己命運的念頭也更加強烈。青春期就是在這兩種情緒之間左右擺盪。

在這兩種情緒的對峙下，大部分的親子會自然而然的產生距離感，並且逐漸懂得互相尊重理解，最終發展爲對等關係。在這個過程中親子之間會適度摩擦，但不至於發展成家庭暴力等重大衝突。最多就是與父母冷戰不說話、愛頂嘴反抗，一吃完飯就躲進自己的房間等等。或許也會有幾次激烈的爭吵吧。

孩子放學回家了。

媽媽：「今天學校怎麼樣？」

孩子：「沒什麼。」

孩子馬上回到自己的房間。

要是以前，還會和媽媽分享在學校發生的一切，老師的、朋友的事，幾乎無話不談，但現在什麼都不說了。孩子開始有很多瞞著父母的「小祕密」。和朋友出去玩比和父母出去玩重要得多。父母親雖然覺得有些寂寞，但仍會默默地接受。因爲父母在孩子身上看見自己也曾經歷過的青春期，心理上能理解。

激烈的叛逆期（容易引發問題的青春期）

「II激烈的叛逆期」是指容易引發問題的青春期。孩子在學齡期，倘若父母單方面過度地將自己的人生觀強加在孩子身上，且對孩子嚴格管束，孩子進入青春期時的叛逆就會比較激烈。

父母不尊重孩子的自主性，堅持自己的觀念與做法一定正確，非常堅持自己的生活方式。堅持的背後或許是父母曾經吃過的苦，不想孩子再經歷，但孩子當然不會意識到這一點。對孩子來說，他們只是嚴厲的父母。譬如，父母本身出生在一個貧困家庭，成長中歷經很多痛苦，即便結婚後建立自己的家庭，也擺脫了經濟上的不安，但他們依然會把這種焦慮傳達給孩子。

爲什麼會這樣？有兩個理由。其一，人生觀一旦形成就很難改變。另一個是，他們自身也沒意識到，從小所忍受的一切給他們帶來多少束縛。因此，他們也理所當然把同樣標準強加於自己的孩子。

學齡期的孩子竭盡全力迎合父母的想法。然而，到了青春期，隨著孩子們視野逐漸開闊，他們會對此感到憤怒，冒出「爲什麼只有我們家那麼嚴？」的念頭，對於父母強加的嚴厲感到不滿。同時這也是一種驅動力，驅使父母修正以往的人生觀。這是因爲孩子的視野擴展到社會整體，他們開始把父母的人生觀和其他人進行比較。

父母和孩子，其實一直都堅守著某種嚴格的自律，他們給自己畫了個框架，這框架很牢固。要打破這個框架，需要非常激烈的憤怒。所以反抗會很激烈，時間也會很長。

孩子內心有很多糾葛矛盾，情緒也會有很大波動。

A 必須要像以前一樣忍受並順從父母，這樣他們才放心。

B 我已經不想忍受，而且討厭讓我忍受這一切的父母。

「II激烈的叛逆期」裡，A的感情強烈且頑固，連帶使得B的憤怒感越發強烈，不時激烈爆發出來。孩子們的情緒總是在A與B之間擺盪。

激烈的叛逆期有兩種反抗方式，可能是朝向自己，或是朝向外在環境。如果情緒朝向自己，可能會表現出不願意上學、關在家裡不出門、飲食失調、強迫症等情況，這種情形下需要到精神科治療。這些狀況本質上是父母與孩子之間的衝突，但是由於症狀只出現在孩子身上，所以很容易被認爲「這是孩子的問題」、「需要治療的是孩子」。很多治療者也判斷這些單純是孩子的問題。

被「逼迫」而陷入困境的孩子，如果不是「再次回到好孩子的狀態」，就是「反抗把自己強行帶到精神科的父母」。絕大多數的情況下，反抗會更加激烈，即使被帶來「治療」，效果也不佳。

另一種，孩子情緒朝向外在環境，引起很多社會問題，像是夜遊、蹺家、違法行爲、異性問題、飲酒、濫用藥物、賭博等，偶爾甚至要上警局。這種情況同樣也是父母與孩子之間的矛盾，但是父母總是對的，「問題」是孩子，所以孩子更加有被逼迫的感覺。

作爲精神科醫師，我遇到過一些遭遇激烈叛逆期的親子。但如果包括所有不需警方介入或沒有求診的案例在內，其實激烈的叛逆期大概也只占整體的百分之十。

孩子的青春期是何種情況，大體上取決於孩子出生後到學齡期之間的親子關係，是一種「心理必然性」。然而，身在其中的親子很難察覺這種必然。當治療結束，青春期問題得到解決時，父母才會察覺到這一點。

「對，我們從小就對孩子特別嚴格，他默默忍受，也一直努力達到我們的期望。」父母們回顧時會發出這樣的感嘆。孩子則會有感而發地說「終於理解了嗎，不過已經太晚了，算了……」

青春期問題的專家，必須理解這種必然性。否則，若試圖強行讓親子和好，或僅僅治療症狀，可能會適得其反，讓問題拖得更久。

小J一家的青春期問題與「心理必然性」

以下是小J一家四口的故事。父母都是上班族，有兩個兒子。小J家兩個孩子都經歷了很激烈的叛逆期。

媽媽出生在家教非常嚴格的家庭。高中時期雖然成績很優秀，但家人的一句「女孩子沒必要讀大學」讓她放棄大學，改爲就讀專科學校。後來據說不僅通過難度很高的專業考試，就業也很順利。結婚後，她也一邊照顧家庭，一邊工作。

爸爸是獨生子。從小生活在對教育熱心到有點過頭的母親身邊，所有事都聽母親的安排。就算是現在，在母親面前還是抬不起頭來。

這對夫妻很認眞、嚴格並且堅持自己的生活方式。

青春期的問題首先出現在小兒子身上。

小兒子在國中二年級曾與「壞朋友」一起在外頭玩到很晚，甚至被警察帶回。父親深夜去將兒子接回家，隔日媽媽則去學校道歉。不光那一次，小兒子後來還逃學、無照駕駛機車，又被警察帶回警局。直到高中二年級，小兒子才堪堪算是穩定下來。最後，他雖然大學落榜，但重考一年也考上了大學。他的叛逆期整整持續四年。

母親曾感嘆：「明明教育方式都一樣，爲什麼大兒子就沒這問題，小兒子卻是這樣？」

豈料，一年後大學畢業已經工作的長子，因爲憂鬱症，不得不放棄工作。一共發病了兩次，休息六個月才回到工作崗位。長子在休養期間閉門不出，只悶在房間玩遊戲。連出來吃飯也不願意，媽媽只好將食物送到他的房間。另外，他還隨心所欲地在網上買零食和喜歡的東西，讓父母頭痛得要命。這是以「憂鬱症」形式表現的叛逆期。

當一個孩子處於激烈叛逆的過程中，另一個孩子會暫時中斷自己的叛逆。也就是在小兒子叛逆期的期間，長子乖巧又安靜。可能是因爲他明白父母的辛苦，同時也知道他如果同時叛逆也不會有什麼效果。那段期間，長子拚命堅守著父母教導的人生觀，看著叛逆期的弟弟，心裡應該也很不滿。如果光談「II激烈的叛逆期」，手足之間不會同時進入叛逆期，這也是「心理必然性」。

比起最容易受到父母人生觀的影響及壓力的長子，小兒子受到的壓力相對少得多。雖然媽媽說「明明教育方式都一樣」，小兒子明顯壓力少很多。那是因爲小兒子是第二個孩子，父母已經更有育兒經驗，認爲不需同樣嚴格也沒關係。

壓力越大，叛逆力度也越強，按道理應該是受到最大壓力的長子先進入叛逆期才對。但是，小J家卻是小兒子先進入叛逆期，受壓力比較大的長子壓抑自己的叛逆情緒，使壓力相對小的小兒子更容易叛逆。

除此之外，性別上也會有一些差異。

媽媽帶給女兒的壓力會遠遠超過兒子。

爸爸帶給兒子的壓力會遠遠超過女兒。

這也是「心理的必然性」。

小J家是兩個兒子，所以沒有性別上的差異。

透過這樣的方式分析親子關係，就能讓我們看出「心理的必然性」對家庭產生的影響。

「正確」面對憤怒，促使親子關係變得平等

前面提過，叛逆期是讓親子之間變得平等的過程。不過，很多人可能會覺得

孩子持續反抗、日夜與父母激烈爭吵，只會愈發不可收拾，無法讓親子關係無法變得平等。然而，伴隨著叛逆與爭吵而來的，也可能是雨過天晴，也就是說叛逆期的親子關係會因爲爭吵變得更加緊密。這樣的爭吵反而可以創造出對等關係。順利渡過衝突的一大關鍵是，如何面對憤怒。

孩子之所以能和父母吵架是因爲他們有共同認知基礎的存在。所謂共同認知基礎是指，互相都明白對方想說的話。這是因爲學齡期時，孩子和父母一直生活在一起的結果。

舉例來說，孩子在抱怨「要講幾次！煩死了！」的時候，父母幾乎是立刻知道孩子在抱怨什麼，所以父母才會反駁「如果我講一次你就改，我哪需要囉嗦！」聽見爭執的第三者可能一頭霧水，不知道發生什麼事，但是親子之間都明白對方在說什麼。

人生觀也是。

叛逆期的孩子心裡會想：「我都照你們說的做了，還不是不順利！」聽見孩子抱怨的父母當然了解孩子是在對自己教導的哪一部分表達不滿，所以才會用

「你太小看社會，人生是很艱難的」的字句回應孩子的憤怒。雖然彼此都在表現憤怒，但是這也是一種溝通互動。

其實，這種正確回應憤怒的方式是讓原本的保護者（父母）和被保護者（孩子）之間的上下關係，轉化成對等關係的重要契機。

孩子對父母生氣、父母接受孩子憤怒的同時也會忘記自己是保護者，用對等的態度回應孩子的憤怒。孩子故意激怒父母，他們會有點「成就感」。因爲他們能感受到憤怒與憤怒的對等碰撞，上下關係不復存在。重複幾次，親子間的對等關係就能形成。

「I溫和的叛逆期」中並沒有明顯的憤怒交流，但孩子沉默地與父母拉開距離，父母感受到孩子的意志和拒絕，也同樣保持沉默。因此，孩子會覺得自己的態度被父母接受，也會有點「成就感」。這樣的互動使親子關係變得對等。

不管是「I溫和的叛逆期」還是「II激烈的叛逆期」，隨著叛逆期的結束，親子間的關係會轉爲對等。親子間的爭吵也沒有誰吵贏的問題，最後會留下傷痛，但透過這個過程，孩子成功修正繼承自父母的一部分人生觀，但是也有所保留。他們理解父母已經努力嘗試過。這也許就是「普通的」青春期的結局。

沒有叛逆期

遭受虐待的孩子，長大後會出現第三個叛逆期。他們並未在幼年時、在青春期經歷叛逆期，因爲這些孩子從小時候就不會依賴父母，沒經歷過被愛的生活。因此，他們沒有第一次叛逆期。到了學齡期時，當然也不會遵照父母的人生觀生活。

叛逆期是以父母的人生觀爲基礎，孩子接著用自己的力量與眼界，逐漸從這種價值觀獨立出來，最終實現和父母平起平坐的過程。所以，沒有跟父母共同生活感受的他們，青春期理所當然地沒有反抗。

遭受虐待的孩子，無論是在小學時期、中學時期、高中時期，還是進入社會，一直都孤獨的活著。沒有經歷過叛逆期的心理發展過程，和「普通」孩子是完全不同的。

受過虐待的孩子和父母之間不存在任何互動。有爭吵就不會感到孤獨。但如果生活在連爭吵都沒有的家庭裡，就只有孤獨感。

3. 是心理的自由？還是身體的必然？

如果從心理發展的角度來看，青春期是離開父母、追求自由自由的過程。但是我們也可以從另一個視角看這個問題。那就是青春期被注定的「單一的必然性」。這裡沒有所謂的自由選擇，只有早已刻在ＤＮＡ裡的必然性。

青春期的發動是大腦下視丘的「必然」

青春期＝叛逆期的啟動，是生物學上的必然。

孩子剛出生的時候，根據生物學的「必然」，嬰兒會自然的向媽媽尋求愛，和「依偎」在媽媽身邊。和母子關係的形成一樣，青春期的發動也有必然性的存在。這被稱爲第二性徵，也就是對性的覺醒。

第一性徵是剛出生時的性器官差異、男女身體構造的差異。第二性特徵是，步入青春期後的性器官以外的身體變化。男性會發展出更具男性性徵的體型，聲音變得低沉，並且開始長鬍鬚。女孩子則是乳房開始發育、身體變得較爲圓潤，生理期也開始了。

接近青春期的八歲到十三歲期間，大腦最深層，位於大腦中央的視丘下部開始分泌一種荷爾蒙。名字很長，叫做①「性腺激素釋放荷爾蒙」（GnRH）。這個荷爾蒙是啟動青春期的觸發關鍵，首先向視丘下部的下垂體（大腦中央，控制全身荷爾蒙的中樞）發出指令，因此分泌出②「性腺激素荷爾蒙」（FSH，LH）。

隨著血液流動，荷爾蒙會到達女性卵巢後再發出下一個指令，③分泌出女性荷爾蒙（如雌激素）。男性的話會到達精巢後再發出下一個指令，③分泌出男性荷爾蒙（如睪固酮）。

①→②→③階段的荷爾蒙分泌引發第二性徵，使男女身體產生變化。第二

性徵開始發育的年齡，一般男孩子是十歲到十三歲之間，女孩子是八歲到十二歲之間。

對異性的興趣改變了內心

第二性徵帶來的身體變化，會引發我們的內心改變。

男孩子的身體變得更有男性魅力，女孩子的身體變得更有女性特徵，一旦理解男女身體構造不同，就會漸漸疏遠、保持一定距離。對於性的興趣，使得男女有意識地分開、保持距離。曾經一起玩耍的孩子開始有了小團體，女孩們聚在一起，男孩們玩在一起。但與此同時，他們會被異性的身體差異吸引。吸引力逐漸漸增的情況下，最終男女從夥伴中獨立出來，變成以一對一的形式見面。

對於性的衝動，也在不知不覺中改變了他們的行動，而行動的變化也會導致內心的變化。

對於性的興趣是怎樣帶給內心改變的呢？只要想像一下情侶大概就明白了。

陷入戀愛可以表示從父母與家庭中抽離。比起與家人相處，與戀人相處更優先，這是非常自然的事情。即使是周末假期，也會優先選擇與戀人共度時光，而不是選擇家人。簡言之，與家人的交流會減少，和戀人的交流會大幅增加、無話不談。

每個人都希望得到他人關注。學會戀愛之前，希望獲得父母或手足的關注。回想小時候，孩子想與人分享自己達成某項成就，對象首先會是自己的媽媽或爸爸。但是這個時期，希望被認同理解的對象不是父母，而是戀人。想要尋求安全感、尋找理解且認同自己的對象，會從父母變成戀人。這是生命中第一次的內心大轉變。

這種心理轉變就與青春期爲了尋求內心自由、嘗試離開父母的心理變化是一樣的。

前面討論過，心理渴望更大的自由空間，想要離開父母，其實這是一種心理上的錯覺。事實是，內心深處，身體的必然性正在驅動著內心變化。

孩子在性慾影響下，逐漸離開父母，學習獨立。爲了達成和戀人在一起的願望，必須改變曾經理所當然的人生觀。他們不想再被以往的價值觀束縛，因此才反抗、摧毀舊有的價值觀。

儘管沒有戀愛，這些變化也會發生。放學後，他們會直接回到自己的房間，聽偶像的音樂，或上網看動畫——內容大多也是戀愛故事。就這樣，被性引導的孩子，行爲也隨之發生變化。

物質的變化可明確看見，但是心理變化往往曖昧模糊、很難定義。然而，科學建立於物質基礎之上，具有客觀、容易推理的特性。因而，把青春期看成是從身體變化開始的觀點，似乎是比較符合科學。

人的心理，是主動還是被動呢？這是一個討論心理自由和必然性時，不可忽視的問題。

心理在先？身體在先？自由在先？還是必然在先？

在思考青春期中心理和身體變化及其關係，特殊情況的青春期往往充滿啟示，其中之一是患有厭食症（神經性厭食症）的青春期。厭食症是「II激烈的叛逆期」最極端的例子之一，引爆點是強烈的母女衝突。女孩子在學齡期的年紀，被強勢的媽媽強迫灌輸媽媽的人生觀。

等女兒進入青春期，本想追求心理的自由，試圖擺脫媽媽的掌控。但是，又自己主動地切斷了對自由的渴望，這就是厭食症的本質問題。

A「媽媽是個非常努力的人，作爲女性我希望我能像她一樣生活，一直做媽媽的乖孩子，我必須努力。」

B「不想再按照媽媽的價值觀生活了，我討厭讓我受那麼多委屈的媽媽。」

在A和B的矛盾中，女兒陷入困境。媽媽給她的壓力很大，女兒無法反駁。她壓抑著B的情緒。

這個對憤怒的壓抑正是厭食症的原因。

壓抑是指把對媽媽的憤怒從意識裡排除出去，並封閉於「無意識」中。因爲，一旦意識到這些憤怒，會心生恐懼，害怕「想做乖孩子的自己」會徹底被摧毀。這一切的根源是對被母親拋棄的恐懼。得厭食症的女兒，應該從小就被媽媽威脅說：「要是不聽話，媽媽就不管你了」。雖然媽媽的本意並非如此，但是孩子持續接收這種危險訊息。對於年幼的孩子來說，被媽媽拋棄幾乎等同於死亡的恐懼。

A：一直都做媽媽的好孩子。我努力即使受委屈也沒關係。

厭食症的女兒對於生活只剩下A（生活方式）。B（眞實感受＝憤怒）則消失了。

「好孩子」就是忍耐。

對厭食症的孩子來說，忍耐是美德。她們讚賞自己能夠忍耐，爲忍耐的自己感到非常自豪。忍耐是她們生活的支柱，也是生存意義。最終，這種忍耐轉向人類最基本的生存需求——食慾。如果能「戰勝」食慾，還有什麼事情不能忍耐呢？

因爲壓抑著憤怒，所以也覺察不到自己的忍耐。只有在「不是忍耐狀態」下才會意識到他們在忍耐，也就是只有自覺到對母親的憤怒時才可能發生。

只要忍耐不被戳破，她們的堅持就毫無弱點、無懈可擊。她們對自己的行爲沒有懷疑，一直持續推進，不知疲倦。結果就是身體瘦成皮包骨，直到死去爲止。重度厭食症的死亡率很高，包括自殺的案例在內，超過百分之五以上，因此專家們將其歸類爲人命關天的疾病。

那麼，回到青春期的變化問題。到底是從身體開始，還是從心理開始？

雖然有點不可思議，但厭食症的女孩不會經歷第二性徵的發展。一直保持著小學生一樣的男孩體型，即使進入國中與高中，性格仍然像小學生那樣乖巧開朗。她們不會談戀愛，始終留在家裡與媽媽相處。另外，初潮可能很晚來臨或是沒有。也會出現生理期延遲或是停止（無月經）的狀態。實際上，她們血液裡的女性荷爾蒙（如雌激素和黃體素）的數值也不高，並出現下視丘—腦下垂體—性腺系統的內分泌失調情況。醫學界發現了這個規律。

體重極端減輕時，體脂肪會減少，由脂肪細胞分泌的調節食慾的荷爾蒙——瘦素的分泌也會減少。這會對做爲荷爾蒙中樞的下視丘有影響，阻止下視丘↓腦下垂體↓性腺系荷爾蒙的工作循環會停止。其導致的後果就是「第二性徵」未能發展。女孩們想要一直順從媽媽活著的決心使身體的變化停止，阻止了生物學上重要的成長階段——「第二性徵」。

換句話說，心理阻止了身體的必然性。

如果是心理狀態影響了身體的必然性，這是心理的自由。看起來似乎是這樣。但是仔細想想，心理在這之前已經放棄了壓抑對媽媽的憤怒。這是被嚴厲的媽媽帶大的女兒的必然性。

青春期到底是從心理開始，還是從身體開始，似乎很難得到結論。

那麼，我們不從心理和身體，自由和必然的角度看，從什麼是幸福這個角度來重新思考這個問題的話，能看到不同的一面。

從這個視角來看的話，心理和身體，自由和必然的對立就會消失。也就是說，人類發現經歷第二性徵，能使人離開父母束縛、得到心理自由、開始談戀愛，這條道路應該是比較幸福的。不管這是出於必然，還是出於自由選擇，只要心裡覺得幸福，又有何妨。

第五章

是否可以自由選擇配偶？（成年I期）

人，會以什麼標準選擇配偶？

到適婚階段，人們會以什麼樣的標準選擇伴侶呢？「因爲喜歡」、「因爲愛」無疑是最重要且最主要的理由。「愛」裡包含了多樣因素，憧憬、溫柔、美麗、脆弱、安全感、尊敬、力量、年齡、身高、收入與社會地位等等。

若仔細觀察，會發現其中有一共同標準，那就是「安全感」。這個標準與依附關係有所關聯。人們大多是爲了得到「安全感」而選擇配偶。如果找不到符合標準的伴侶，或許會選擇不結婚。這就是「心理規律①人是爲了尋求『依附』而出生，且終生都會期望與他人建立連結」的延續。依附關係就是指向對方尋求安心。

1. 成年期的三個階段

I 期是自我責任，II 期是父母性，III 期是死亡

成年期的心理發展，在解決青春期親子上下關係的矛盾與糾葛後，從家庭中

獨立出來。這代表著邁入成人階段，不只和父母平等，也與其他社會成員平等，被認同是社會的一員。所以，人們可以爲自己負責，在世界任何一個地方，可以承擔大額消費與簽訂契約的責任。自由的範圍不光是在學校與家庭，更擴展到整個社會、人類、整個地球。

成年期是一生中最長且最穩定的階段。爲了能詳細觀察這個階段的心理發展，我們將成年期心理分成了幾個階段(圖三)。圖中也包含筆者的視角。

本書將心理發展分成五個階段，而艾瑞克森的心理發展理論則分爲八個階段。和前面的表格一樣，共同的部分以

艾瑞克森		本書
八個階段	發展課題	五個階段
1.嬰兒期	基本信賴	1.嬰幼兒期（依附關係的形成）
2.幼兒期	自律性	第一次叛逆期
3.學齡前兒童期	自主性	2.學齡期（繼承父母的價值觀）
4.學齡兒童期	勤勉性	
5.青春期	自我認同	青春期（第二次叛逆期）
6.成年早期	親密性	3.成年Ｉ期（自我責任的確立）
7.成年中期	生殖性	4.成年Ⅱ期（父母性的確立）
8.老年期	統合	5.成年Ⅲ期（接受死亡）

圖三　艾瑞克森與本書的心理階段比較

灰色表示。

若只針對成年期的部分進行比較，兩者都是分成三個階段。雖然重點有一些小差異，但基本的心理發展過程是相同的。

◉成年I期

成年I期是，獨立的成年人可以爲自己的行爲負責，即確立自我責任。所謂確立自我責任是指，不依賴父母，不將責任推卸給父母，即使不順利也不將責任都推給他人，而是自己判斷。此時，已經不是○○家的孩子，而是作爲一個獨

成年期三階段	
	發展課題
成年I期（初期）	自我責任的確立 配偶選擇 成年人和社會人士之間的平等
成年II期（安定期）	父母性的確立＝安定的社會適應 1. 能成為父母 2. 能成為上司（或能成為下屬） 3. 能承擔社會責任
成年III期（末期）	接受死亡 回顧家庭、人生，客觀看待人生

圖三　成年期的心理發展三階段

（參考出處：艾瑞克森《自我認同與與生命週期[1]》）

立的個人。這是經歷青春期後所獲得的心理地位。

成年Ⅰ期的人會選擇配偶而不是持續依賴父母。這就是艾瑞克森說的成年初期的「親密性」。親密性是指個人和個人之間平等對待，互相尊重彼此的想法和人生，以此爲基礎建立並穩定維持親密關係。這不光表現在選擇人生伴侶的時候，也會表現在成年人之間的平等溫暖的互動交往中。

人通過尋求與他人的連結獲得安全感。青春期前，和父母建立的連結使我們有安全感。而步入成年Ⅰ期之後，透過和父母以外的人連結在一起，來擴大這份安全感。

◉成年Ⅱ期

到了成年Ⅱ期，我們會獲得「父母性」。父母性是心理學專有名詞。在心理學中，父母性不僅包括親子關係，也包括社會裡的上下關係。在關係中，對下屬

1 艾瑞克森《自我認同與生命週期》(*Identity and Life Cycle*)。

（例如孩子、後輩、部下或是弱勢群體提供保護、幫助及引導。艾瑞克森將其稱爲「生殖性」與「世代性」，代表養育孩子、培養下一代的意思。成年II期的人可以從「給予他人呵護」、「保護」與「指導」中獲得安全感。

◉成年III期

成年III期是迎來人生的終結，接受死亡的階段。這個階段的心理又是如何呢？我們將在第七章裡探討。

那麼，我們先回到成年I期，詳細分析這階段心理變化。

成年I期中，大多數人會與父母以外的人有密切連繫，並且尋找心儀對象結婚。出生的家庭及父母無法選擇，可是配偶可以自己選擇。人是怎樣選擇自己的配偶呢？

眞的可以實現自由選擇嗎？還是青春期過後，因爲我們一方面延續父母的人生觀，另一方面又擴展自己自由的人生觀，所以在伴侶選擇上是不是也有一半受到原生家庭的必然性束縛，其餘的一半才是自由選擇呢？

2. 影響伴侶選擇的內在運作模式的「必然性」

原生家庭帶來的深度影響

配偶是指在戶籍上成爲夫妻的對象。但有時雙方不一定辦理結婚登記，所以這裡使用「伴侶」作爲廣泛用詞。另外，也有選擇單身的人。結婚、同居、單身，我把這三種情況都納入伴侶選擇的問題中。

事實上，選擇伴侶時會受到父母與出生成長的家庭影響，但多數人都不知道兩者影響的程度比想像中的還大許多。

在心理學領域中，人們出生、成長的家庭被成爲「原生家庭」。在什麼樣的原生家庭裡長大，對將來選擇伴侶會產生重大影響。因爲結婚前只了解自己的家庭，因此選擇伴侶時，其實無形中會被原生家庭的價值觀所影響。結婚後認識伴侶的家庭，才開始拿自己原生家庭與伴侶家庭進行比較。舉例來說，透過意識到伴侶的家庭和自己的家庭的差異，可能更加了解原生家庭的樣貌。

過去，婚姻多是與父母選定的對象相親結婚，是被父母的價值觀決定。在這種情況下，伴侶選擇可以說是百分之百受原生家庭的影響。另一方面，現代社會不管選擇結婚或是單身，做出最終決定的人是自己。那麼，在選擇上，我們有多麼「自由」呢？

若是一個人不知不覺中受到原生家庭的影響，也許會選擇和父母相似的伴侶。也就是說，女性會選擇和父親同類型的男性，男性會選擇和母親同類型的女性，不過本人不認爲相似或同類型，這種情況基本上選擇的自由程度非常有限。這可以被認爲是在原生家庭影響下的必然選擇。

反之，選擇和父母的類型完全相反的伴侶呢？譬如：父親是暴力且威脅性高的人，結果孩子選擇的伴侶是溫柔且性格穩重的人。這不能認爲是一個自由選擇，因爲這選擇依然受到原生家庭影響。特意選擇和父親性格相反的人，仍然是本人受原生家庭的影響後做出的選擇。

假設一位男性在母愛與寬容的家庭中長大，兒子一定很有安全感，他可能會選擇具備相同特質的女性。根據前述理論，這也是百分之百受到原生家庭影響，做出必然選擇的典型。但我想說的是，並不是自由選擇好，必然性不好。人不管是自由還是必然，只要是幸福的，又有何妨。

雖然是這麼說，但探討父母影響時，有些問題可能容易被忽視。那就是不管父母再怎麼溫柔、有再多的愛，都不可能是完美的。同樣地，即使是有問題的父母身上，也有好的一面。

父母也有心理矛盾、痛苦與心酸。和父母一起生活的孩子對這些矛盾非常敏感。被溫柔媽媽養育的男性往往容易將母親理想化，但同時他們也能敏銳察覺到媽媽隱藏的心理矛盾，會隱約感受到不足與失落。正因如此，他們傾向找能彌補這種失落感的伴侶。怎樣看待失落，覺得哪裡有失落感，到底需要怎樣彌補。關於這些，反映在當事人的人生觀裡。

在這裡，我們也能看出來孩子自己會自動修正父母的影響，從被安排好的事情裡掙脫，尋找真正的心理自由的過程。同樣地，女性選擇配偶也是。在爸爸身上感受到的矛盾、失落會影響她選擇什麼樣的丈夫，也決定她的人生方向。

接下來，我將接著進一步探討：人在選擇伴侶時，究竟繼承原生家庭的什麼特質？在選擇上，又有多麼「自由」呢？

有「嚴重」虐待經歷的人，會如何選擇伴侶

針對原生家庭的影響，例外的個案通常很有啟發性。對於「普通」家庭的人來說，所有情況都理所當然，很容易忽視問題的本質。藉由研究例外情況的個案，有助於重新審視「理所當然」的所有情況，回到問題的根本。

本書中常常提到的「在虐待家庭中長大的人」就屬於例外情況。對他們來說，什麼是正常的家庭？

首先以成長過程中曾被嚴重虐待的人爲研究對象。嚴重虐待是指：不給孩子吃飯、曾有過多次生命危險等情形。這些虐待嚴重到任何人都能看出來孩子在非常糟糕的環境下生活，就連孩子本人也能發現自己正在被虐待。

在這種環境下長大的人，單身不結婚的比較多。虐待越是嚴重，出現這種傾向的機率也越高。他們沒有體驗過也不覺得家庭是溫暖的，和家人在一起是幸福

的。只覺得家人冷酷又可怕，與家人同處一個空間只會加劇緊張感。所以大多數人會說「不想要家庭」「一個人雖然寂寞，但是相對安全」「和別人在一起只會緊張，放鬆不了」「從沒想過結婚」。由此可見，對於受虐者來說，他們的「選擇自由」極盡狹隘，近乎於零。

倘若他們能接受深度心理治療，也有很多人坦言：「知道家庭其實很溫暖，所以願意嘗試結婚」「要是年齡允許會考慮結婚，生一個自己的小孩」，「希望我未來的家庭不要像我以前一樣沒有溫暖」等等。

他們認爲的「溫暖家庭」是指「安全感足夠可以共同生活的家庭」。即使起初他們不知道溫暖家庭的樣貌，但是只要心理治療成功，他們就可以想像並建立一個溫暖的家庭。

一切看起來都如此理所當然，不過爲什麼他們能想像出自己並沒有經歷過的家庭？這確實值得思考與討論。

從例外情況的個案中可發現，在內心最深處仍有「想與人建立連結」得到安全感的強烈渴望。這些渴望本是透過家庭就能自然而然實現的事。所以，透過心理治療，只要人們能意識到自己對愛的最根本的需求是被愛，想像並追求自己的溫暖家庭也就水到渠成。這種情況下，他們的追求只有「建立溫暖家庭」，其餘條件，如社會地位、年齡、身高等等則非必要。

人，都想要幸福。尋求幸福與伴侶一起生活的根本前提是「安全感」，即實現「依附，想被愛的需求」。對普通人來說，擁有安全感是一件極其自然的事，所以幾乎沒有人察覺到這個基本前提。受虐者即使經過心理治療後恢復，也並非每個人都會結婚。考慮年齡、經濟條件等各方面因素，堅持單身的人仍然很多。但他們不會像以前一樣活得孤獨，而是會交朋友，與更多人溝通。由於單身，他們活動的自由度很大。

受到「隱形虐待」長大的人，會如何選擇伴侶

我們已經在前面探討成長中遭受嚴重虐待的族群，以及他們如何選擇伴侶。接下來，我們將接著分析那些當事人直到成年才意識到的，「不太嚴重」或「難

以察覺」的受虐者。

「難以察覺」的虐待多半不是身體上的暴力，而是多以心理虐待和放棄育兒爲主。譬如，「從來沒有餓過肚子」「也沒有不准上學」，所以「一直以爲是一般家庭」，但「國小時，有一次發燒嚴重，呼吸也很困難，爸媽卻說『不是很嚴重，不需要請假吧。』於是硬被拉去上學」（忽視）。在學校因爲不舒服，不能正常上課。老師將我帶到保健室，測量體溫後發現已經發燒到四十度，叫家長接回家。媽媽來了學校卻朝我發火，『你幹嘛發燒？』（心理虐待）。「告訴媽媽在學校被欺負了，只得到『喔?是喔。』的冷淡回應，根本沒當回事。」（心理忽視）。這種情況，周圍的人也很難發現是虐待。看上去就是個普通家庭，本人也完全沒有受虐的意識。

他們就和普通人一樣結婚生子。

然而，要是你問他們結婚的原因，他們的回答就有些不尋常。他們也許會說：「因爲想離開家，就選擇結婚」「對方一直要求結婚，我沒辦法拒絕」，或是「我以爲大家都會結婚」這類回應，但從這些回答能發現他們沒有意識到結婚對象是自己決定的。

當更進一步追問過他們當時的心情，很多人可能會回答，「不想把事情鬧大」「感覺還是順從會比較安全。」也就是說，他們認爲不表達自我，隨波逐流，迎合別人是「比較安全」的選擇。

這就是他們結婚的眞正理由。並不是爲了追求幸福，而是選擇內心的安全感。

爲什麼與家庭暴力（DV）的丈夫結婚？

繼續探討一個例外情況的個案——DV（Domestic Violence）個案。

DV譯爲中文是「家庭暴力」，主要是指伴侶間的暴力行爲。通常定義是「配偶、伴侶等親密關係的人施暴」。所謂的「防止DV法」是指「防止配偶暴力法」。正式名稱是，「防止配偶的暴力行爲以及保護被害者的相關法律」[2]。

家庭暴力的受害者，絕大多數是女性。

只不過，爲什麼女性會和看上去有暴力傾向的男性結婚呢？

這個選擇與原生家庭的影響，以及渴望得到安全感的心理有關。我們舉例說明。

小R（三十五歲），結婚三年。她受不了丈夫的暴力，趁著丈夫不在的時候逃出家裡並向警察求助。之後，她被送到臨時庇護所，等待法院下達保護令（法院命令丈夫禁止接近小R）。

丈夫比她大十歲，看起來溫柔又可靠，而且經營一家公司，相當富裕。結婚前他積極追求小R，向她求婚。可是，結婚以後他開始展現控制慾。

例如，剛開始丈夫要求小R每天晚餐至少要有七道菜，小R努力達到要求。過了一段時間，有天丈夫發著火把桌子掀了：「這些菜營養不均衡！」漸漸地，不只烹飪，對其他家務也開始表示不滿。言語與肢體的暴力成爲日常生活的一部分。結婚第二年，小R甚至被禁止外出，軟禁在家中。即使是這樣，小R還是順從丈夫，想辦法讓他開心。丈夫心情愉悅時，還是結婚前那個溫柔、可靠的男

2 編注：接近臺灣的《家庭暴力防治法》。

人。她的丈夫看上去就是一個很正常的公司老闆，甚至對公司職員非常照顧。

其實，結婚一年後，小R曾因爲丈夫的暴力向市政府的婦女中心諮詢、求助。當時，諮詢人員問道，「這很明顯是家庭暴力，你爲什麼不離婚呢？」只不過，當時的小R完全沒有考慮過離婚，諮詢也只有那一次。

那麼，影響到小R選擇伴侶的原生家庭，是什麼樣的家庭呢？

在外人來看，他們只是個普通的家庭。實際上，父母感情並不好，家中氣氛總是緊張。爸爸一旦工作不順利，就帶著不悅的情緒回家。晚飯時間沒有任何交流，只感覺尷尬。媽媽在這種情況下也是心情不好，只是默默擺好飯菜，用餐過程充滿無法忍受的緊張氣氛。小R試圖緩和這種緊張情況，便總是爲了討爸爸開心，找話題跟爸爸聊：

「爸爸，您累了嗎？今天工作很忙嗎？」

「嗯，還可以。只是有些事……」

「爸爸，我今天在學校被稱讚了喔！」

「……是嗎？」

小R就這樣拚命討爸爸開心。要是爸爸心情從陰轉晴，自己也終於能安心用餐。這就是她的原體驗（原體驗A）。

心理學中的「原體驗」是指，幼兒時期的經歷會不知不覺地影響著當事人未來與人交往的方式。「不知不覺」是原體驗的關鍵，這些經歷可能已模糊不清，但是確實對人際交往造成重大影響，也正說明這些體驗在當時已經融入日常生活。

在心理學領域中，「原體驗」經常被視爲一種負面要素，然而並不僅於此。對很多人來說，「原體驗」也可能是幸福的。

與剛才的個案相似，爸爸因爲工作不順心，回家時情緒低落。媽媽察覺到這點並對著爸爸說：「回來啦？今天好像很累的樣子，晚餐吃炸豬排喔。」

爸爸答道：「太好了，今天工作眞的很辛苦，正好想吃點美味的東西療癒一下呢。」

媽媽接著說：「喔，原來是這樣。看來今晚吃你喜歡的炸豬排正好。」

就這樣，爸爸的心情得到調節，一家人又和樂融融地吃晚飯。當時對孩子來說是最開心的時間……（原體驗B）。

雖然沒有完美的、理想的家庭，但是一般家庭應該會是原體驗B與原體驗A兩種場景混合一起出現。

回到小R的個案。對她來說，原體驗（A）：

爸爸不高興，媽媽也不高興，只能自己想辦法緩和緊張氣氛，爲家庭和諧努力。

爸爸因爲她的努力變得高興，媽媽的心情也隨之好起來，小R也會感到幸福、終於可以放心。小時候的她總是爲了追求那份安心而持續努力。長大後，到了適婚年齡，選擇伴侶的時候，她也是基於這種安全感作爲選擇伴侶的標準。

也就是說，小R討好對方，對方用溫柔回應她，家庭和諧因此實現，她也感覺到幸福，這就是她所追求的安全感。

這是一種「自己主動迎合對方之後，就能收到對方對這份討好的回應」的安全感。她的丈夫剛好有這種特質，特別喜歡被人討好。結婚前（還在交往的期間）這種關係已經建立起來。

丈夫雖然對小Ｒ展開過熱烈的追求，但只要不開心，就會時時刻刻向小Ｒ傳遞「討好我」的訊號，小Ｒ敏感地察覺、接收這些訊號，「不知不覺中」討好對方。這樣的「互信」關係的維持對她來說是開心的，但只要是詳細知道這些過程的人，我想基本都能看出來他們的關係。

小Ｒ從兩人關係中得到安全感，所以決定和他結婚。就算每天被要求做七道菜，她也沒有怨言。她認爲只要丈夫心情好了，他們的家庭就是幸福的。

但是，就算一時滿足了丈夫的要求，他只會無止境的提出更多要求。「討好我」逐漸變質，轉變爲命令與支配、讓對方永遠服從的強烈慾望。

而這個則是與丈夫的「原體驗」相關，可能是這樣的：無論哪個孩子都希望受到父母的關注，希望被擺在第一。可是他的丈夫得不到這些滿足，是一種對父母愛的失落感。一直抱著孤獨和不安的他，想要被認同、被關心的慾望非常強烈（原體驗Ｃ）。

因此，他對小Ｒ有非常強烈的渴望，希望小Ｒ「要一直看著我」、「關心討好我」以及「不要拋棄我」。只不過，因爲他的不安全感過於強烈，所以這些（苛刻要求）已經不能滿足他，才發展到控制伴侶、支配伴侶的地步。

於是，他們之間的關係演變成了因家暴而形成的婚姻。從討好丈夫中得到安全感的妻子，與時時刻刻都想被關注、想被取悅的丈夫。小R的原體驗A和丈夫的原體驗C，正好滿足彼此在選擇伴侶時想要獲得安心感的條件。

就算有家庭暴力，這段關係在一段時間內定是能保持穩定的。直到痛苦達到頂峰，小R才意識到他們的關係是異常的。

內在運作模式（一切被原生家庭所決定）並不是規律，而是必然性

依附關係的提倡者鮑比認爲，幼年時期的母子關係會對人的一生持續產生各種影響，因此提出「內在運作模式」（IWM: internal working model）理論。「內在運作模式」是指，我們對事物的理解方式是建立在嬰幼兒期與母親的依附關係之上，就算長大成人也是以此爲基礎理解他人。

譬如：我們對第一次見面的人，在給予客觀評價之前，首先會用自己的價值觀去衡量對方。如果這種運作模式是一般且健康，那麼判斷可能也會是正向的；但如果像小R這樣較爲偏頗的模型，很容易導致家庭暴力產生。

再舉一個例子：你走在路上，突然有人從後面喊「等一下」。那個聲音不帶任何感情，非常平靜。當你想回頭確認聲源是從哪裡來的時候，你的情緒反映出你的內在運作模式。

有的人回頭時直覺對方接下來要說的是「不好意思，想請教一下……」這樣親切的問話，有人則是預期對方要罵他「喂！你剛才幹了什麼好事！」而被嚇到，緊張地回頭。

對於「等一下」這無法靠字面來判斷的一個詞，你的反應其實受到了小時候「原體驗」的影響。

鮑比提出的「內在運作模式」與本書定義的「心理的必然性」（如果你察覺不到就會被它支配，如果你察覺到了就可以修正它）是一樣的。

導致家庭暴力關係形成的幼兒期體驗（也就是「內在運作模式」），令人痛苦。我們想要避開這種會帶來痛苦人際關係的必然性，不希望被它所控制。因此，我們渴望擁有創造幸福的自由。

不過，如果幼年時期對「等一下」這種呼喚能感受到親切，說明你是幸福的，應該個性也滿令人喜愛。那麼就算這是某種必然，也沒有問題，不會讓你覺得不自由。

3. 選擇伴侶的兩個標準——在一起的安全感和互補心理

第一個標準——在一起的安全感

受到家暴的小R，就是爲了「尋求安全感」才選擇這樣的丈夫作爲自己的伴侶。在選擇伴侶時這是最基本的標準，不過對於在一般環境中成長的人來說，這點是非常自然的，也不會特別意識到。可說這個標準適用於所有人。

那麼，向伴侶尋求「安全感」是指什麼呢？這裡有兩個面向可以探討。

第一個面向是，能理解對方的感受，並可以預測對方行爲的安心。

第二個面向是，自己的感受也能被對方理解，並能得到適當回應的安心。

換句話說，彼此能互相理解、沒有發生誤解，就是安全感。關鍵是「能互相理解」就能得到安全感。無論這種感受的具體內容怎樣，此處暫不討論。

而就小R的情況來看，她的「安全感」標準如下：

第一個面向是，小R可以很好地理解爸爸的不愉快和焦慮。對小R來說，這已司空見慣，所以她大約可以預測爸爸什麼時候會不高興，餐桌上會發生什麼事。這已經符合安全感的第一個面向。

接下來，她試圖緩和氣氛、討爸爸開心，爸爸也對她給予相對回應，達到一定效果，安全感的第二個面向也得到滿足。小R的安全感就是這樣形成的。即便這些內容並不是那麼理想，只要彼此進行溝通，她就會產生安全感。

大多數人的原體驗都是接近幸福的原體驗B（和睦的晚餐）。他們之間「心意相通」，溝通過程都能感受到關懷家人的溫暖。這樣的情況下，有很大機率選擇也有「原體驗B」的人作爲伴侶，不會過多考慮「安全感」和安全感的意義。

有部分的人像小R，透過不那麼正向的手段獲取「安全感」，也有部分人能自然創造出以互相體貼爲本的安全感。不管運用何種手段，原生家庭形成「安全感」的方式會影響人們如何在新家庭建立「安全感」。

從父母身邊獨立出來，現在一起生活的家庭稱爲「現家庭」。「現家庭」的安全感反映出「原生家庭」安全感的模式。像小R那樣，哪怕被丈夫施暴，她依然繼續與能提供安全感的丈夫共同生活。人的內心非常奇妙。如果小R一開始就知道溫暖的安全感是什麼，也許就不會選擇有家暴傾向的丈夫。然而，現實中正因爲她不曾體驗過、不知道溫暖的安全感，所以才做出現在的選擇。

現在想想，人生最初的必然，也是最初的期待「形成依附」，說穿了就是「安全感」。人從出生的那一刻開始，就在尋求安全感，而且一輩子都在追求安全感。努力用功、努力工作、努力賺錢、努力與他人共存，都是因爲想得到「安全感」。

第二個標準——找到能彌補缺憾的伴侶

選擇伴侶的第二個標準是，希望伴侶可以彌補自己在原生家庭未能實現的事，特別是在和父母的關係裡，未能自我實現的部分。

以G先生爲例子。他的原生家庭並沒有嚴重的問題，但是父母關係不太好，家裡始終都彌漫著緊張氣氛。G先生在這種成長環境下學會忍讓，總是習慣迎合其他人，缺乏主見。G先生長大成人以後，這種不安全感還是一直存在。

有一天，他與M小姐邂逅。M小姐的個性開朗、活潑，不怕生的她和初次見面的人也可以迅速成爲朋友。這種性格深深地吸引G先生，因爲她擁有他所缺乏的心理特質，他希望與她在一起。

這就是選擇伴侶的第二個標準。所謂的「不足」是指什麼呢?詳細的說明會在第六章〈能自由切換三種心理狀態，你就得到了眞正的自由（成年II期）〉裡提到。簡言之，如果人可以自由活用三種心理，就不會有不足感。三種心理裡面只要缺乏一種，就會希望從伴侶那裡得到彌補。

只要察覺到這點，「心理的必然性」就能改變。

人生能否自由選擇？還是會被「心理的必然性」所操控？父母無法選擇，但是自己人生可以自由選擇嗎？原生家庭無法選擇，但是現家庭可以選擇嗎？

我們重新整理一下：原生家庭會影響人們選擇伴侶，這是「心理的必然性」。結婚前，我們只體驗過原生家庭提供的安全感，因此難以從框架中逃離。如果原生家庭是幸福的，我們可能會選擇和自己原生家庭相似的異性爲伴侶，這是必然的。反之，如果原生家庭問題重重，我們選擇的伴侶可能也會有類似問題與困難，這也是必然的。因此，選擇伴侶有幸福的必然性，也有痛苦的必然性。

不會有人想改變幸福的必然性，也不覺得這種必然性是一種不自由。問題是，痛苦的必然性能不能改變。就像剛才說的，關鍵在於，如果察覺到了就能改變。

選擇有家暴傾向丈夫的小R，最終和丈夫離婚了。她接受心理治療，終於理解爲什麼會選擇那樣的丈夫，爲了追求表面的安全感而結婚。心理治療的過程中，她領悟自己眞正需要的並非是靠迎合別人，而是靠平等、互相理解才能得到的安全感，這才是她從小渴望的。後來，她找到新伴侶，再次進入婚姻。他們實現互相理解、彼此依賴，呈現眞正自我的平等關係。丈夫非常體貼，一週有一半的時間會爲小R準備晚餐，尊重小R的感受，關係穩定平靜，也很有安全感。

第六章

能自由切換三種不同的心理位置，你就得到了真正的自由（成年II期）

所謂的父母性是指，
有一顆包容別人的心

成年Ⅱ期的心理狀態就是「父母性」的獲得與自由切換，也是心理發展的最後階段。到了這個階段，人與人的連結會更密切，包容性也會變強。也因爲可以因應對象切換各種心理位置，心理上也更加穩定。

1. 人際關係的三條心理路線

三種心理位置——信賴、對等、保護

從出生到現在，人的內心有其不隨時間更移的部分，也有能夠自由成長、變得更開闊的部分。成年Ⅰ期是成爲「大人」的起始。就算沒有結婚，也會與某人相遇、會察覺並彌補自己的不足。這些選擇不但會受到原生家庭的影響，之後當然也成爲建構人生的基礎。基礎打得好，心理狀態也會相對穩定。大概到了三十歲以後，人們便逐漸步入成年Ⅱ期。

成年II期最大的特點是：能自由切換三種不同的心理位置。進入成年II期的人，心理狀態也會更安定。

三種心理位置是指：

①可以信賴父母及長輩

②和朋友或伴侶在一起的時候，能做到對等，互相尊重

③能站在父母和長輩的立場上，保護孩子以及晚輩

經過嬰幼兒期、學齡期、青春期，直到成年I期，我們能夠切換①和②的心理位置。到了成年II期，我們將能夠獲得③的心理位置。

這裡可以回顧一下，我們如何獲得①和②的心理位置。人在出生的瞬間，就有想靠近媽媽、想依偎在媽媽身邊的心理本能，這叫「依附關係的形成」。這是因為剛出生的弱小嬰兒，需要強大的母體保護他。而也因為得到保護，孩子才會懂得信賴父母，將來能夠信賴他人。這也是獲得健全人際關係的第一步。

① 孩子⇓父母（信賴父母／信賴他人）的關係。

這種關係的形成是從媽媽開始，然後延伸到爸爸，然後是保護自己的人（譬如幼兒園老師、學校老師）。在遇到困境時，能毫不猶豫地向上司，長輩發出求救信號的人，幼年時也是能向父母撒嬌的小孩。如果能做到這一點，在職場上也不會那麼緊張，工作也比較順利。與人交往的第二個重點是：互相對等的關係。因爲在學校裡與同儕相處的經驗，進入學齡期後孩子們也會逐漸學會如何與人相處。

② 自己⇕朋友（夥伴之間／互相對等、尊重）的夥伴關係。

一個人在成長的過程中，第一個夥伴多半是來自同一個班，同一個年紀的孩子。我與小○一樣，△同學是這樣的……我們會找到志同道合的人、互相認可。之後，我們會與學校裡的夥伴、同世代的夥伴、社會上的夥伴發展出對等的關係。因爲彼此之間存在許多共同點，所以能做到互相尊重。也因爲這許多共同點，所以能夠體察對方的心意。因爲「我們都一樣」，於是我們與這些夥伴相處時，會產生安全感。

而在度過青春期後，孩子之間的對等關係轉變爲成人之間的對等關係，也是可以對自己的行爲負責的關係。我們會有同一個國家的夥伴、同樣是人類的夥伴，地球上諸多生命當中的夥伴。當心理達到成年II期，並發展完成，之後到來的就是心理發展的最後階段，也就是③的心理位置。

③父母⇓孩子（保護孩子和晚輩）的關係。

心理學裡一般稱這種關係爲「父母性」或「世代性」。父母非常呵護自己的孩子，也會站在孩子的立場著想，包括爲孩子的將來打算、教他們做人。能做到這些的人，就算是獲得眞正的「父母性」。

「父母性」並非專屬於生理上的父母，就算沒有孩子、或是單身，這種心理位置也依然會形成。擁有這樣心理狀態的人很能夠換位思考，譬如把父母換成長輩、上司，把孩子換成晚輩、下屬。擁有父母性的上司會評估下屬的感受，確認後才進行工作上的指導、提供相關協助，是非常有領導力的上司。當下屬感到茫然，他們會提供意見；當下屬感到沒有自信，他們會鼓勵下屬。如果是長輩，大多很能夠幫忙、提點晚輩。而這些能夠，就是父母性的表現。

若將長輩和上司視作爲較爲強勢的人，晚輩和下屬視作爲相對弱勢，父母性將可能出現更多樣化的詮釋。譬如在某個領域當中，社會地位較高的強者保護相同領域的弱者；但若換到其他領域，強者與弱者之間的關係會互換。幫助他人的人，可能換一個領域，就會變成被幫助的人。

父母性和強者操控弱者、利用自己的強者地位欺負對手，是完全不一樣的概念。如果以大欺小、以強欺弱，那就是尚未獲得父母性的表現。

以上說明①孩子⇓父母、②自己⇳朋友、③父母⇓孩子，三種心理位置，以及我們如何成爲具備這三

①	孩子 ⇒ 父母（信賴父母／信賴他人）	依附關係
②	自己 ⇔ 朋友（夥伴之間／互相對等，尊重）	夥伴、平等
③	父母 ⇒ 孩子（保護孩子和晚輩）	父母性、世代性

圖四　三種心理位置

種心理狀態的大人。相關概念總結為圖四。

按照時間、地點、場合，自由切換三種心理位置

如果能夠自由切換這三種心理位置，人的心理就會趨於穩定，在任何場合都能與人順暢交流，壓力也必然會消失。因為生活中的壓力，大多來自家人或其他人際關係。如果能夠自由切換這三種心理位置，壓力就會小很多。

一個人由於過勞而罹患憂鬱症，大多是因為「無法拒絕」。如果能夠自由運用這三種心理當中的任何一種來「拒絕」過多工作，或許就不會生病。帶孩子去公園玩的媽媽也時常面臨類似的困境，特別是第一次帶孩子去公園的媽媽，她們時常會感到壓力。原因並不是擔心不能與其他媽媽對等相處、溝通，而是無法自由切換對等心態，緊張的情緒一下子就上來了。

孩子之所以在青春期時，會在家裡亂發脾氣、使用暴力、甚至拒絕上學，多半是因為家長的「父母性」沒能夠健全發揮。

進入成年Ⅱ期後，心理穩定的基礎，就是這三種心理位置的自由切換。成年Ⅱ期大概在三十五歲至六十五歲之間，時間長達三十年。這也是人生中最長、最穩定的時期。能夠自由切換這三種心理位置的成年人是幸福的，這些人能夠自在地與他人交流、互相包容，心理上將能得到很大的滿足。

家長的「父母性」太弱，孩子就容易拒絕上學

爲了幫助我們理解「父母性」（保護弱者的心），我將透過拒絕上學的個案進一步說明。

就讀國中一年級的小T拒絕上學。若父母逼著他去學校，他就會在家裡大發雷霆。小T的父母非常嚴厲。一直以來，他們的家庭都以父母的意志爲優先，孩子只能聽從安排。父母也總是將自己的價值觀強加在孩子身上。也因爲如此，小T愈發地順從父母，他的幼兒期（①對父母撒嬌，信賴）心理未能得到健全發育，因此心理愈想順從父母，緊張感就愈強。本來在小學低年級時應該

進入的第二個心理階段（②互相對等尊重）在發展上也不完全。因爲第一個心理階段是第二個心理發展階段的基礎。「順從」心態非常強烈的小T，因爲總是迎合周圍的人，因此漸漸失去自己的主見。在學校他老是要迎合老師、同學，所以總是感覺很累、很緊張。對他來說，上學並不開心，學校是個讓他感到痛苦的地方。而或許是因爲他的態度，他遭遇到校園霸淩。這也是他最終拒絕上學的原因。

若以專業角度針對小T的狀況進行分析，小T拒絕上學，並非「過激青春期」的表現。若是青春期的狀況，小T應該已經能夠掌握對等尊重的心態（心理規律③：心理發展是有順序的），能夠與同學和諧相處，也不會覺得學校是個可怕的地方。如果眞的是因爲青春期的狀況，小T也不可能每天關在家裡，而是應該和朋友在外面玩。

小T的情況是，在青春期來臨以前，沒能和父母之間建立起無話不說、互相信賴的關係。所有事情都以父母爲中心的家庭才是眞正的問題。表面看來是青春期問題，其實背後隱藏著與媽媽的依附關係的問題。這個關鍵點，就算是經驗豐富的心理專家也很容易忽視。

這種情況下，治療首先要從修補孩子的「依附關係」開始，把「順從」的心態轉變成「撒嬌」。爲了做到這一點，必須強化家長的父母性。使用家長的強勢力量去操控孩子的人，其「父母性」（保護弱者的心）是不健全的。透過治療（家長的心理諮商），如果家長能夠很好地發揮父母性，包容與接受孩子的感受，孩子就敢於在家長面前表達自我。孩子也能找回自信、和同學對等交往，自然去學校也不會感到害怕。

家長在進行心理諮商時，我會提醒家長幾個重點：「要護著孩子，讓他們撒嬌，讓他們多說話，要得到他們的信任」。這是針對父母性較弱的家長的改善方法，大約需要花費半年到一年的時間。對於「獲得父母性」，艾瑞克森發明了一個詞叫「generativity」。是由generate（創造）、generative（生殖能力）、generation（世代）這些詞彙匯集而成。在日本，這個詞被翻譯成「次世代育成能力」「世代性」「繁殖性」等等。

育兒，不只是培養自己的孩子，甚至與整個下一代都息息相關，可以說是對整個社會、對整個世代的責任。家長延伸關心自己的孩子成長後將生活在什麼樣的社會當中，也是很自然的事。

2.「心」滿足了，才會自由

與人交流是二十四小時、三百六十五天

心理上得到滿足，人會感到自由。像是肚子餓時，我們肯定滿腦子都是吃的東西吧。這時候沒有什麼不吃的自由。總之想吃東西。就是想填飽肚子。這樣的「想吃」是怎麼樣都無法迴避的。在這樣的時候，當我們在吃到了好吃的東西，得到了食欲上的滿足——然後呢？心裡會平靜很多。得到滿足的內心可說脫離束縛、變得自由。接下來想聽聽音樂，或是看看喜歡的書，或是先休息一下，再繼續完成手上的工作。

以上「食欲」的例子，要說明的是：如果人的欲望能夠被滿足，心也會自由。能體察並且確實做到這一點的，就是成年II期的心理。如果沒有衣食住行的不自由，能夠讓人們內心得到最大滿足的，就是與人之間的交流、心靈之間的契合。在這個過程中，如果自己也能得到滿足，心自然也就不再被束縛、而能夠自由。

我們每天的生活就是不停地與別人交流、往來，從起床到入睡都不會停。就算是入睡的時候也會做夢，夢的內容多半也與他人有關。這樣的人際往來，如果每個細節都能使我們滿足，人生當然就是自由、幸福的。那會是和家人打招呼說句「早安」，若獨居，就是打開電視（觀看由人製作、演出的節目）、看手機（今天有誰找我呢？或是發生什麼有趣的事）。總之，人與人的交流，就是這樣開始的。睜開眼就是幸福、或者是一看到就討厭，那就是心理上立即的反應了。

按照時間、地點、場合，用「心」面對上司的難搞郵件

假期的早晨，一打開手機就看到上司發來郵件。是昨天晚上寄出的，郵件開頭就寫「假日打擾不好意思」。不管會不會回覆，那一瞬間肯定會想一下該怎麼回覆。也就是當我們看到郵件的那一瞬間起，人際關係就已經開始運作，已經在考慮自己要用哪種心態面對這個問題。如果可以調整好，那就沒關係。如果是身不由己、非得要配合什麼，可說形同失去自由。

譬如小M。他今年三十五歲，單身、獨居。他在職場上也是個美食家，早上總是自己泡一杯香濃的咖啡，搭配美味的麵包。有一天早上，他特地買了好吃的牛角麵包。這時，部長發給他一封郵件，交辦一項很難的工作。看到郵件時，小M可能會用以下三種心態裡的其中之一應對：

①「哇，這個工作好麻煩，但是沒辦法只能照做。」（1－A）

「哇，這個工作好麻煩，想跟部長商量一下。」（1－B）

這兩種思維都是心理位置①。上司是（上），下屬是自己（下）的關係。（1－A）是迎合「上司」的心理位置，（1－B）是能信任上司，請求幫助。

②「哇，這個工作好麻煩、又好嚴格，但沒辦法。差不多就行了。」

「哇，這個工作好麻煩，怎麼看都覺得不合理。隨便找個藉口先拒絕了吧，需要再討論。」

這個心理位置是和上司對等的。小M認定應該放下上下關係，體現平等。

③**「哇，這個工作好麻煩，但是公司要求沒辦法，上司也看上去很累。還是做吧。」**

這裡的心理位置是能爲上司著想的③。

這三種心理位置，選擇哪個是小M的自由。做了符合自己心意的選擇後，心裡就會把郵件拋諸腦後、並變得自由。接下來，就可以享受自己的美味早餐和咖啡。小M可說重拾神清氣爽的早晨。而若是要沒有做出符合自己意願的選擇，小M一整天都會想著郵件的事。而在公司裡，小M和上司的關係若是固定的，他的自由選擇就會受到限制。

譬如：若小M平時什麼都聽上司的，那麼小M當看到這封郵件，肯定毫無疑問地接受指示（1－A接受上司指示）。會馬上回覆「明白了」。但因爲心裡並不完全願意，所以一整天都覺得不太愉快，或許他不會馬上按「發送鍵」，會先把回信內容保存在「草稿」裡。原因是他雖然確實感受到對上司的憤怒，但仍拚命壓抑自己、要完成這些指示。

爲什麼會這樣？這就和小M的原生家庭有關。小M的家庭也許是以家長爲優先，小M從小就總是被忽視感受。換句話說，小M的家長是「父母性」較弱的家長。這樣的結果造成小M不太會與他人在對等關係下相處，會比較想要順從別人。小M本來準備好咖啡和麵包。但是他無法優雅地享用。他覺得不愉快，心裡有種莫名的緊張。就在他狼吞虎咽地想趕快吃完早餐時，他好像突然察覺到了什麼。

「欸？這封郵件的內容是不是有點過分。是部長強加給我的工作！」就這樣，他突然發現自己並不那麼樂意接受這個工作，他覺得很生氣。然後，他選擇「我要跟部長說清楚，把現在的處境告訴部長，重新商量這個工作要怎麼辦。」他的心態轉變了，找回冷靜的自己。從①的（1—A接受指示）的交流方式變成（1—B信任）的交流心理。

他的心情舒暢許多。又可以愉快地喝咖啡了。麵包還有半個沒吃呢。察覺到自己心裡的憤怒的小M，差點被「心理的必然」所操控。好險。不過他從險境裡走出來了，只要有一次這樣的經驗、就不會再被這種過時的「必然性」操控。

在成年II期裡，只要能自由切換這三種心理位置，就和吃到美味的食物以後感到自由一樣，也能在與人的交流中得到滿足。每天都能享受這個滿足感，就會覺得「自己是自由之身」。

3. 「依附關係」的實現是「心理自由」最重要的部分

結構的中心點——依附關係

心理是有層次結構的。所謂的層次結構是指，高層次中必須包含所有低層次的屬性，否則就不成立。也就是說，若最基礎的「①信任，依靠他人」無法實現，心理上就無法完全發展到第二階段的心理「②相互對等，尊重」。若信賴、依靠的部分比較弱，順從、迎合的部分比較強，到了小學，就算交到朋友，也只會「迎合」對方，壓抑自己的主見，很難實現與他人對等的關係。要注意，對等關係是指：在包容別人的同時，自己也被對方接受的雙向關係。

若是「②相互對等，尊重」的心理階段不健全，「③關心晚輩」也無法完整發展。首先，保護弱勢群體和晚輩的心理，必須建構在自己曾被保護的經歷上。

也就是說，從「①信任，依靠他人」的安全感，到「②相互對等，尊重」的保護別人心理，是在尊重對方的心理基礎上建構完成並趨於穩定。如果「②相互對等，尊重」的部分較弱，就不會是保護，只會是順從。

請看圖五的說明。

圖五最左邊小的圓形是嬰幼兒期的心理，在此時期，他們會向父母撒嬌。中間的圓形外面多了一個圓。這是與夥伴對等的心理。最右邊的圓形則是成年人的三種心理的重疊。

因爲有最初「撒嬌，信任」，才會有後來的安心，才會發展到與人「對等」。等到信任與對等確實發展完成，才可能有「保護」的意識。若無法實現第一階段的「向

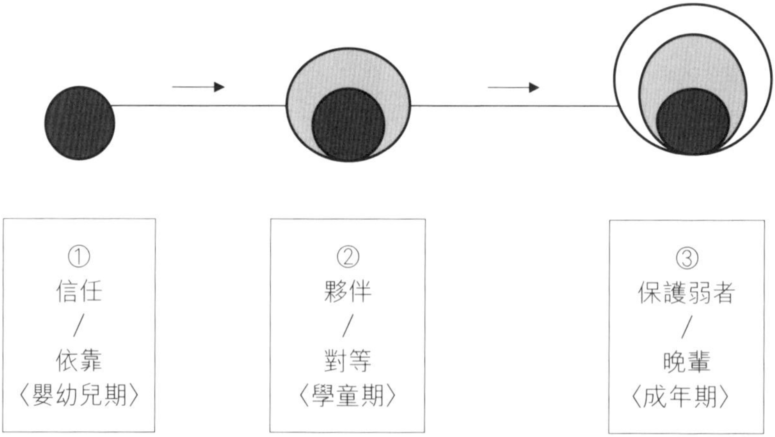

圖五　三種心理位置的層次結構

父母撤嬌」（依附關係），整個心理發展就會受到影響。如果一開始的發展就不健全，之後將給人生留下諸如無法信任（參見艾瑞克森理論）、依附不安（參見約翰·鮑比理論）、與自我的碎片化（參見海因茨·寇哈特〔Heinz Kohut〕理論）等負面影響，此外亞伯拉罕·馬斯洛（Abraham Maslow）等發展心理學的研究者也一致認同這個說法。因爲這些理由，所以最初的母子依附關係的實現是極其重要的。

自我限制想要被愛的本能，我將這種現象稱爲「否定依附」。這個現象只要能夠自我察覺，就有機會解開。否認自己想要被愛，是受虐者最大的心理問題。儘管任何人多少會有這種心理，但擺脫這種否定心理，是邁向第一個小圓形（圖五）的重要階段，也能更自由地切換這三種心理位置。就算已經成年，也可以從第一個階段進行修正，因此可說這是心理的軌道修正。

我們可以關注自己心理最小的那個圓形，回到童年，並坦然地接受兒時的感受。如果能做到，我相信你會很本能地發出對愛的渴望，也不再那麼緊張。心理的圓逐漸擴大，往成爲大人的下一個階段前進。就圖五來說，內裡最小的圓形也被稱爲「內在小孩」，需要我們的小心呵護。

「心理規律④」，人與人之間，透過三種心理位置連結

「能夠自由切換這三種心理位置，就能夠順暢地與他人連結。」第四個心理規律也就此完成。我們總結一下：

心理規律①人一出生就有對依附的渴望，一生都會期望與他人產生聯繫。
心理規律②「心理創傷」是指否定自己渴望被愛。這種否認使人痛苦。
心理規律③爲了追求更多的安全感，依序經歷五個心理發展階段。
心理規律④人與人之間，透過「撒嬌、信任」「對等」「保護」三種心理連結。

那麼，還有最後一個問題。

大多數的人，在成爲成年人的時候，都已經學會這三種心理。但要說到是不

是能自由自在地運用切換，那就另當別論。有的人明明知道怎麼說才好，但就是說不出口。有的人心裡明白，但因爲太過緊張而不知道如何表達。也就是說，現實生活中，很多人明明心理發展是健全的，卻無法自由切換或運用這三種心態。這是因爲內心的緊張而造成。至於原因，我們將在下一章繼續分析。

第七章

理解矛盾，才算真正「長大」

「糾葛」，人生煩惱的來源

在掌握以上三種心理位置後，最後就是理解「內心緊張」的階段。只要理解這種「緊張」，就可以自由切換三種心理位置。只是，人只要活著，就不可能擺脫這個緊張。因爲它是我們與他人相處的基本。而只有理解這種緊張的本質，才有相對改善這種緊張的可能。

1. 希望與他人連結、獲得安心，才會確立「規範」

在與人交往中發生的矛盾

從出生到現在，我們內心一直渴望、追求的，就是與他人的連結。（心理規律①）。與媽媽的連結，與爸爸的連結，與兄弟姊妹，老師，朋友的連結，最後到與自己的孩子，晚輩，下屬的連結。透過這些連結，人們可以獲得完整的心理發展。只要可以自由地運用切換成年人的三種心理位置，無論到哪裡都可以順利

地與人交往，並從中獲得滿足，感受到成年人的自由。（心理規律④）

可是不管是誰，只要活在這個世上，就不可能有人能完美地自由運用這三種心理位置。因爲在與人交往的過程中，一定會產生緊張感。想要與對方靠近的同時，也會忍不住自己踩剎車。這是一種矛盾。接下來筆者將說明這當中的規律。只要理解這個規律，就能理解我們的人生的大部分煩惱。我們的煩惱大多和這種規律有關，能夠掌握、理解，煩惱就會變小。

媽媽的第一個承諾

有個嬰兒出生了，他肚子餓、隨卽大聲地哭起來，媽媽立刻抱起他、餵他喝奶。小嬰兒看上去很滿足，但過了一會兒，他又因爲寂寞而哭起來，於是媽媽又馬上趕過去。只要小嬰兒一哭，媽媽會馬上趕過去。這就是「連結」。被媽媽愛著，很有安全感。

那麼，是不是只要小嬰兒一哭，媽媽在任何情況下都會趕過去？

基本上都會。但有些時候媽媽不是馬上趕過去，那時，小嬰兒會很不安，不停地哭。但最終媽媽還是會去到他的身邊，讓他感到安心。

因爲這種情況的重複，小嬰兒逐漸開始記住這個世上的「規則」。嬰兒最初理解的規則是「只要哭了，媽媽就會趕過來。或許不是馬上來，但一定會來」。

若是這個家的母親是一個充滿愛的一般媽媽，這個規則會變成母子之間的承諾，也會得到履行的保障。因爲小嬰兒理解和媽媽的連結方式，所以能夠感覺到安心。母子的依附關係形成以後，小嬰兒會茁壯成長。

要是媽媽破壞這個承諾，小嬰兒將陷入極度的不安。母子的依附關係也無法建立，孩子會覺得自己不被愛，感到自卑。他的人生會很痛苦（心理規律②依附的否定）。或許你會感到驚訝，但受到虐待的小嬰兒就是如此。就算他再怎麼哭，媽媽都不理他，或是，只要一哭，就遭到媽媽的毒打。

但在一般情況下「只要哭了，媽媽就會趕過來，或許不是馬上來，但一定會來」這件事是被保障的。有時因爲一些原因不能馬上趕來，小嬰兒會認爲媽媽是不是不要他了，會感到極度不安。這時候，要是媽媽趕來抱起小嬰兒、對他說：

「對不起，對不起，媽媽來晚了。」小嬰兒會認識到媽媽不是不要他，只是來晚了，就會安心很多。

第二個承諾，形成內心緊張

「承諾」是親子關係中不可或缺的一環。剛開始媽媽的承諾就是「哭了，就一定會趕過來」，孩子也從中獲得安全感。接下來，筆者要介紹孩子應該遵守的承諾。

筆者以「練習上廁所」做爲例子說明。

嬰兒非常自由，對大小便沒有任何約束，完全按照本能。但到了一定的年齡，必須開始練習上廁所。此時，父母會教孩子：就算有便意，也不能隨時隨地便溺，而要去廁所。孩子也會和父母約定好，要是有便意，就先忍耐一下。剛開始孩子會覺得很難、很麻煩。然而一旦記住了，會發現這樣比較方便，而且父母也會高興。

「便便好了嗎？」

「嗯，好了。」

「真好，你很棒！」

要是能自己上廁所，爸媽都會很高興，會被誇獎。親子間的情感也會更加緊密。剛開始，孩子還不知道廁所有多方便，但用了一段時間以後會發現，原來比尿布方便多了。自己能上廁所以後，自由活動的時間也變長了。不光在家裡，因爲幼兒園，學校，車站都有廁所，所以活動範圍也變廣了。所以，要和爸媽一起生活，當然廁所比尿布好多了。

在練習上廁所的過程中也會有失敗的時候。媽媽有時忍不住笑出來說：「是不是尿尿漏出來了？」媽媽並沒有生氣，但是孩子會因爲沒有遵守承諾而感覺失望，覺得自己讓媽媽不開心了，認定自己是個壞孩子，對此感到不安。遵守承諾對孩子來說是和父母一起生活的保障，是一種安全感。相反地，如果沒有做到答應會做的事，就不能和父母一起生活，會感到不安與害怕。

練習上廁所只是一起生活的一部分，還有吃飯的時間、該刷牙、洗澡的時候，也會逐漸變成一種承諾、一種被培養出來的生活習慣。孩子會記住什麼能做，什麼不能做。生活習慣、家教就是這樣培養出來的。

雖然遵守各種承諾會讓孩子感到麻煩，但這是爲了能與家人在一起。他們明白——更重要的是，這種和父母連結在一起的感受，能給他們帶來安全感。

社會秩序是安全感的基礎

人與人之間的連結，也給予人們內心支持。缺乏連結，人會陷入恐慌。因此人們會期待維持連結，以獲得安全感。而爲了保障這樣的連結，我們必須遵守對別人的承諾。這些承諾的積累，最終形成社會秩序。自己、他人、大家都遵守同一個秩序，連結在一起，才有安心感。秩序也是保障人與人之間關係的重要條件。

秩序可以是多種多樣的。最容易理解的是國家法律、公司規範。這些都有具體的條文。不可殺人，不可違反契約，不可拖欠員工薪水，借錢必須要還；其他還有很多雖然並未具文，但是大家都知道的默契。譬如要互相尊重、不能乘人之危，其他還有一些平時不會意識到、但確實不能做也不會去做的事。這些都屬於無意間大家所認同的倫理、道德、價值觀。有意識的具體條文和雖然沒寫成條文，但大家都能理解的價值觀，兩者合在一起就是整體的「規範」。也稱爲社會規範。自己與對方都同樣遵守規範，於是，互相認同的價值觀把大家「連結」在一起，即是「安全感」。

聽到殺人案件的報導時……

聽到一起重大的殺人案件的報導時，大家會有什麼反應？一定會感到害怕吧。「爲什麼會發生這種事？」「被殺的人好可憐」「殺人犯還沒抓到嗎？」「自己會不會遇到這種事」各種猜想都有。要是獨居的人，或許會愈想愈怕，當天晚上就失眠了。

但大多數的人因爲理解「規範」這個共同認知，所以不會有太大的驚慌。透過規範，我們可以與很多人產生共識。也就是說，當別人感到恐怖，我們可以理解那樣的心情，也可以認同「覺得被害者很可憐」。這些不安和恐懼都是共同的認知。我們與其他人之間存在著認知的連結，所以不會爲了案件而太過驚慌。要是能和身邊的人交換意見：「這件事很嚴重」「好可怕」之類的話，又更能保持冷靜。

很多人都沒發現，自己能夠保持心理穩定，是因爲和他人有「規範」的約束。對大多數的人來說，這是太理所當然的事。然而，因爲在精神科工作的關係，有很多人會提醒我這一點——這些人，就是無法與他人連結的受虐者、和從小失去父母的孤兒。

他們與父母之間並不存在對彼此的承諾，也缺乏從這樣的承諾當中獲得安全感的經驗，他們不知道只要遵守規範，和他人之間存有共識，就能得到安全感。所以，同樣是聽到殺人案件的報導，他們的心慌會比較明顯。因爲感到害怕，所以他們不看新聞、不上網。到了晚上會害怕得睡不著，不知如何是好，但又必須獨自面對。

抓到殺人犯以後，我們會好奇「爲什麼會殺人？」「爲什麼會有這樣的企圖？」嫌犯的動機若是一般人無法理解的，就又會引來一陣恐慌。

過了一段時間，調查結果出來了，聽到報導中說明「犯罪嫌疑人是爲了錢才殺人」，大家也會理解。因爲對錢的慾望是普遍的，但大多數人不會因爲錢去殺人，這是規範。我想只要理解欲望與規範的關係，大家也就都能理解，理解了也就放心了。我們心裡的疑惑也解開了。

要理解人的言行，關鍵是理解「欲望」與「規範」之間的關係。理解之後，大多數人都會安心。不光是殺人案件，日常生活中許多事情也是如此。以這樣的視角看待朋友、同事，就會理解「他們爲什麼會做這些事」，並從中獲得安全感。

2.「規範」也同時製造人生煩惱，這是一種矛盾

雖然學會遵守廁所的「規範」……

在遵守規範的同時，人們也會產生內心的糾葛。所謂的的「糾葛」是指：因爲不得不遵守規範而產生的內心緊張。有尿意，如果沒有規範，可以立刻尿在尿布裡，沒有什麼緊張與糾葛。但當孩子記住上廁所的規範，就算現在有尿意，也會先忍著。這時候，會出現一種「爲了遵守規範，需要一時壓抑自己情緒」的糾葛。心裡會緊張。剛學會上廁所的孩子，還不能平衡好自己的欲求和上廁所的規範，有時候還是會尿褲子。上廁所的規範是孩子對父母的承諾，所以如果不能遵守，孩子會對父母有罪惡感。罪惡感則來自孩子害怕和父母失去連結的恐懼感。

當孩子習慣以後，遵守這些承諾也變得沒那麼難。上廁所的規範和尿意之間也不再存在強烈的糾葛。孩子很自然地能控制好自己的便意和尿意，當然也能好好遵守上廁所的規範。

學會了自己上廁所這件事，非常重要。

首先，①人生的所有煩惱，都源於內心糾葛。糾葛的本質是必須要遵守規範的緊張與不安。②如果能像學會自己上廁所一樣，遵守所有規範，人生的大多數煩惱幾乎都會消失。可能你不相信，但「學上廁所」的例子說明了這個可能性。

講回來廁所訓練。

隨著孩子進入幼兒園、學校，他們會被追加很多「規範」。有的很快就能記住、實行，有的會讓他們苦惱一下。但是爲了和別的孩子一樣，他們會努力。成年後，規範會更多、更廣、更複雜。要能夠好好地遵守那些很複雜的規範，大多數人的心裡會非常緊張，這就是煩惱的根源。而無法遵守規範時，人們會產生罪惡感、自責感、羞恥感。他們的共同點是否定「不能遵守規範的自己」。這種自我否定長期化時會演變成憂鬱，惡化下去就會變成憂鬱症。罪惡，自責，羞恥，憂鬱這些情感，可說根本上與「打破規範就會失去與他人連結」的恐懼心理相關。

我們常常對小學生說，「別以爲沒人在看就可以做壞事，神明一直看著你哦。」這是大人給孩子的警告。感覺起來就像是在恐嚇孩子：要是不遵守規範，就會被拋棄。被大人這樣警告的孩子當然會緊張。但相對地，因爲只要遵守規範就沒事，所以也可以安心。當然大家都知道「神明一直看著你」是在嚇唬孩子們。但若是小時候被這樣提醒過，成年後也不會忘記。這是因爲當時沒能遵守規範的罪惡感，自責、羞恥、憂鬱的情緒一直留在我們心裡。

3. 太執著於規範，是憂鬱症的高危險群

憂鬱症是「不能遵守規範的自責」所帶來的結果，有些人會因爲工作過於繁忙而罹患憂鬱症。一般的認知是：憂鬱症由過勞所引起。但其實過勞只是一個契機，眞正的原因是持續的自責。

基本的過程是這樣的：過勞⬇身心疲憊⬇工作效率低⬇工作不順利，自責⬇情緒低落⬇憂鬱症。

這背後是「就算再忙，已經約定好的工作一定要堅持做好」「再辛苦，也必須堅持」的強烈信念。對這些人來說，這是必須遵守規範的「規範」。

如果是有「太累了，休息一下吧！工作嘛，差不多就可以了」這類想法的人，得憂鬱症的比例與可能性就很低。這種人當然會被批評為缺乏責任感，但就算不是這麼極端，僅僅在太過疲憊時對上司說「我太累了，對不起，能不能幫我減少工作量」，也能預防憂鬱症的發生。責任感強，以至於無法對上司發出求救信號的「非常認真」的人，是憂鬱症的高危險群。換句話說，過於想要「守規矩」的人，是憂鬱症的高風險人群。

小N從憂鬱症學到的事

罹患憂鬱症的小N是公司職員，今年三十七歲，有妻子和一個三歲的女兒。他在IT公司擔任銷售的工作，成績一直是名列前茅，而且性格穩重，做事認真，無論是上司還是同事都很欣賞、仰慕他。但是最近，他突然變得無精打采。以前的他是非常開朗，工作效率高，打電話的時候也非常熱情，坐在旁邊聽都覺得被鼓舞。

可是，現在他連打電話都沒精神，老是駝背看電腦，午飯也吃不完。很明顯臉色也不好。然後，他終於來到了精神科就診。

「我已經不行了。沒辦法再堅持下去了。妻子懷疑我得憂鬱症，我想也是。打不起精神，也不知道要怎麼辦，累了睡不著，坐著也睏，沒法集中精神工作，我覺得這樣不行，女兒才三歲，我一定要努力，這樣的狀況我感覺對不起家人。工作上也不順利，感覺對不起客戶和上司。我也知道要加油，但是做不到。我覺得自己太沒用了。但我也不可能辭職，又做不好。想到以後就害怕、想死……」

「什麼時候開始的？」

「大概四個月前。」

「工作很忙嗎？」

「是的，工作完全來不及做完，每天都要加班。」

「睡眠怎麼樣？」

「睡不著，淩晨一點睡，三、四點就醒了，然後就睡不著。」

「有食欲嗎？」

「頭痛，身體也痛，感覺不到食物的美味。因爲沒怎麼吃東西，一下子瘦了四公斤。」

這肯定是憂鬱症。直接的原因是這幾個月的過勞，需要進行治療。我向他的公司發出診斷書，要求減少這位患者的工作量，兩個月內禁止加班。對於患者本人則是開安眠藥，讓他好好睡覺。

一週後，小N的睡眠變好了。到了第二週食欲也恢複了。一個月後，精神狀態也恢複了。就這樣，他在沒有停職的情況下，身體好轉了，又變回原來的那個開朗的小N。

在爲小N治療的過程中，我評估他得憂鬱症的原因：「責備不遵守規範的自己。」就像小時候不小心尿褲子，那時候他一定也很沮喪。但因爲父母的鼓勵，所以又找回快樂的自己。若自己的心情能被父母理解，就算是廁所訓練偶爾出包，也不會有被拋棄的恐懼，可以找回安全感。

到了成年，調整好自己變成一種義務。當小N可以說出「我太認眞、太過堅持，從小到大我都在迎合別人，從來沒有按自己的想法活過」時，他快樂多了。他從憂鬱症學到：爲了活下去，工作很重要。人生中也有很多義務要履行，有很多規範需要遵守。但是仔細想想，自己爲什麼要那麼拚命？其實是爲了家人，爲了可愛的女兒，也是爲了自己。人不是爲了遵守規範而活著，是因爲活著才需要遵守規範。沒有人是完美的，當然也沒有所謂無所不能的人。僅此而已。

小N終於理解「規範」的意義。人不是爲了遵守規範而活著的，是因爲活著才需要遵守規範。然而，生活中會有一種錯覺，讓我們覺得自己是爲規範而活著，導致不遵守規範就會被社會淘汰、與他人失去連結的恐懼感。但在日常生活中，我們很難時時刻刻提醒自己，應該如何正確看待這些規範，這也讓我們更容易讓被「規範」所控制。

憂鬱症是由「害怕與他人失去連結」的恐懼感所造成，也是面對這種恐懼感的體驗。小N從憂鬱症認識了「規範」的眞正意義。

「認識」是指：俯瞰整件事。

「認識」是指：能客觀看清「規範」與自己之間的關係。不是被規範束縛，而是清楚地看到遵守規範的意義，與現實中的自己應該如何找到平衡。

剛開始進行廁所訓練時，經歷了很多挫折，但不久就習慣上廁所的規範。剛才那個案例裡的小N，在接受治療後也不再被「必須努力工作」的規範束縛，工作上也輕鬆很多。

「認識」某件事，就是指要與這件事保持一定距離。要是每天生活在霧裡，我們就看不清「霧」是什麼。從霧裡走出來，第一次看到晴朗的天空，才知道自己一直生活在霧裡。這就是對霧的認識。同樣的道理，認識自己就是跳脫出來、俯瞰自己。要提醒自己往後退幾步，退到能看清自己生活樣態的位置。

4. 規範與欲求的對立——「認識」糾葛的結構

「糾葛」是人類煩惱的根源。但到底什麼是「糾葛」？我們可以觀察一下人與「欲求」「規範」「糾葛」的關係。人的欲求是指：吃、睡、連結，「規範」是爲了與他人「連結」而下的承諾。

小N煩惱於「強烈的義務感」與「已經疲憊不堪的身體」之間的矛盾。所以得了憂鬱症。

我們把「必須遵守規則」與「已經無法堅持下去」兩種感情的衝突稱爲「糾葛」。要和他人融洽相處，就必須遵守規範。所以，只要我們的生活持續，糾葛就一定存在。只要有糾葛，煩惱也永遠不會消失。但就像我一直強調的那樣，如果我們能充分地「認識」糾葛的結構，內心就可以與糾葛保持一定的距離，會相對減少被糾葛控制的程度。最終，煩惱會變小。

爲了「認識」糾葛，接下來我將進行比較詳細的分析。

是什麼保證我們可以自由選擇主菜？

你打算和家人出去吃一頓豪華晚餐，是法式套餐。前菜和餐後甜點很快就決定了，但你一直在猶豫主菜選哪個。一起來的家人們都決定好了，但你還在猶豫，是選清淡的魚類呢？還是選重口味的肉類？也就是：

X 清淡的魚類

Y 重口味的肉類

在這兩種料理中做選擇，考慮半天，又過五分鐘，你還是決定不了。但仔細想想：你眞的可以自由選擇嗎？

這時，要是你眞的認爲自己可以自由選擇，那麼你是幸福的。你應該會很快地決定：「好，今天就痛快地吃一頓牛排。」我想沒有比這個更幸福的事了。

但也可能無法自由選擇。譬如一個月前的健康檢查報告提醒：不能吃的太油膩。所以，你開始煩惱，「爲了健康，應該要選清淡一點的魚類。可是今天是難得的機會，是不是應該選自己想吃的？」健康的顧慮，影響了對主菜的選擇，於是煩惱出現了。如果在這種情況下，你能決斷地說：「今天是個特別的日子，所以不用太顧慮健康問題。」煩惱就不存在了，問題也得到解決。但若眞要問「是不是覺得健康無所謂」，我想你一定會猶豫。在想維持健康的情況下，「可是今天特別想吃肉」的欲望很強，糾葛也就更強，煩惱愈發難以收拾。你開始責備自己是個不遵守健康規範的人，譬如自責「老是爲了吃肉與否這點小事煩惱，覺得自己很沒用」，結果就是自我否定。

健康規範是否應該凌駕於欲望？這個結論能使我們的煩惱出現或消失。應該要這樣做「規範A（控制脂肪）」，與規避規範的「感情B（想吃肉）」之間產生衝突，就是此時產生的糾葛（內心的痛苦）。前面提到的小N的憂鬱症就是「規範A：被委託的工作應該完成」，但是「感情B：已經精疲力盡，動不了了」的衝突。選擇主菜的煩惱，與憂鬱症的煩惱是同一個構造，也就是糾葛。

被「應該」所束縛的結局是，想一了百了

當你感到煩惱時，可以想一下：到底自己是爲了什麼，堅持「應該」要怎麼做？我想你會再次察覺到，「是因爲介意健康檢查的結果。」你因此猶豫不決，也就是「爲了健康，應該控制自己不吃太油膩的東西」的煩惱。你知道爲了健康，應該忍耐住想吃肉的欲望。成年人應該爲自己的健康負責。就算很累，被委託的工作應該按時完成。就算很痛苦，也應該搞好人際關係。

爲了生存，人們都在想盡各種方法堅守「應該」要做的事。我們時刻都在被各種「應該」的義務束縛。從眼前的「應該」，到整個人生的「應該」，最後到「應該」活著。我們時時刻刻都被束縛在「應該」的義務裡。但「應該」不是我們的敵人，是把我們和他人連結在一起的重要「規範」。如果不能理解到這一點，或許你會被「應該」摧毀也說不定。更極端的作法就是自殺。

自殺的原因是，因爲無法遵守「應該」，而產生的自我否定結果。無法遵守規範、違反規範，感覺生存會變得很困難，只能選擇一了百了。可以說是被「應

該」逼入絕境。因爲「應該」保證我們與他人的和諧關係，所以無法遵守時，人會想消失。

對大多數人來說，「失去與他人的連結」是最可怕的事。「應該」就是如此巨大的存在。要是無法遵守，但仍有人可以理解你的心情，走上絕路的人就會少很多。譬如有人對你說，「原來發生這種事，我明白這種心情，我也遇到過這種事。」就算沒有遵守「應該」，與他人的連結也不會受到影響，所以沒有必要選擇自殺。

從出生到現在，「煩惱」總是如影隨形。被家長教訓、沒有寫作業、沒準備好考試、和朋友吵架了、成績沒進步、找不到工作、工作不順利、和戀人吵架了、性的煩惱、工作的煩惱，和家人之間的矛盾等等。

知道「應該」要這樣做那樣做，但做不到。「應該」遵守規範，但說服不了自己。自己無法遵守規範，卻又想與其他遵守規範的人建立連結。

要是無法產生與他人的連結，將會非常孤獨、恐懼。恐怕連能不能繼續活下去都是問題。

這樣分析下來，可說所有的煩惱都和「應該」引起的「糾葛」相關，並理解了孤獨的恐懼可能會造成什麼樣的影響。這就是第五個心理規律。

心理規律⑤所有的煩惱都是因無法遵守規範的糾葛而來。

認識「應該」，放下糾葛，會輕鬆很多

與人相處最基本的「應該」，與從中必然產生的糾葛和只要活著就會產生的煩惱，是分不開的。

可是，這也有解方。就是「認識」糾葛，並且將之最小化。

其實，隨著你出生長大，心胸也越來越寬廣的同時，糾葛也相對不再那麼舉足輕重。也就是說，人沒有辦法完全消除糾葛，但有可能因爲我們眼界與心胸變得寬闊，糾葛的影響也縮小。當糾葛幾乎已經可以忽略不計，實際上也就等於煩惱消失了。你在心理發展的過程中已經做到這點。

剛出生的小嬰兒，還沒有「規範」的概念，當然沒有煩惱。肚子餓了、冷了的時候會想去找媽媽，但是這只是欲求，而不是煩惱。隨著我們的心理發展，「規範」逐漸形成，煩惱就會產生。孩子的廁所訓練，當時也是一種煩惱。可是現在已經解決，因爲我們的視野在不斷擴大。小N因爲被「應該」束縛而罹患憂鬱症，但當他認識到自己其實一直被「應該」所束縛，便能夠從憂鬱症裡走出來。我想他應該不會再被同樣的事煩惱吧。他的視野變廣，工作上應該也不再那麼掙扎。這就是心理發展。說得專業一點，小N透過克服憂鬱症，他的心理由成年I期成長到了成年II期。只要心理成長到上一級，就不可能再回到原來的狀態（下一級）了。這就是心理規律③。當然，只要我們活著，煩惱不會消失、但也不再那麼干擾。小N的糾葛不再那麼困擾他了，所以我想他不會再回來治療了。

心理治療是將糾葛最小化，讓其最終消失的技術

心理治療是解決煩惱的方法，目的是解決糾葛。進行治療時，首先要整理個

案是因什麼煩惱而來，觀察個案的煩惱是因何種糾葛而產生。透過「認識」，糾葛會得到解決。而光是「認識」，就可以縮小糾葛的影響範圍，甚至到任何人都可以跨越的程度。

心理治療師必須進行深度了解，確認個案的煩惱是因何種糾葛而來。因爲，第一，糾葛首先需要被人（心理治療師）理解，然後個案本身才會「認識」。就像一直生活在霧裡的人，不知道霧是什麼一樣。第二，糾葛是在恐懼與他人失去連結的心理下產生，要靠一個人面對很難。首先需要得到他人的理解。一旦被理解了，人與人之間的心的連結會帶給個案面對恐懼的勇氣，從中「認識」糾葛。

我們回顧一下人從出生到現在的心理活動。這裡有不會改變的連貫性。連貫性製造規律。從「認識」到「安心」是內心活動的規律。「認識」這個內心行爲，其實在我們剛出生不久就有了。爲了安心地生存下去，我們從想「認識」媽媽（照顧者）開始，想「認識」家人，想「認識」社會。我們的內心因「認識」世界而感到安全感，那是因爲我們摸索到當中的連貫性（規律）。所謂的連貫性是指：無論處在什麼狀況下都不會改變的原則，包括我們會想透過「認識」世界獲得安全感（內心的連貫性），人類大抵如此。如果能體驗到這點，就是「認識」了世界，心理也會趨向穩定。我在這裡再加一條心理規律⑥，下面的六個心理規律就形成了。

心理規律①人一出生就有對依附的渴望。一生都會期望與他人有連結。

心理規律②「心理創傷」是指否定自己渴望被愛。這種否認使人痛苦。

心理規律③爲了追求更多的安全感，依序經歷五個心理發展階段。

心理規律④人與人之間，透過「撒嬌、信任」「對等」「保護」三種心理位置連結。

心理規律⑤所有的煩惱都是因無法遵守規範的糾葛而來。

心理規律⑥內心因爲追求自己與世界的連貫性而運作。

結語

「自由」，是實現「心理規律」的必然

關於本書的主題：「人的內心究竟是自由的？或是受必然所驅使？」我們可以在這裡做出結論。

透過分析出生到六十五歲（成年Ⅱ期）的心理發展，我們認識到：「內心的自由」是指眞正的欲求得到實現的滿足感。「眞正的欲求」是指「內心的必然」，也就是實現心理規律中呈現的動態。若眞正的欲望能獲得滿足，那麼我們必然是幸福的。

重要的是，我們需要弄清楚：眼下自己感受到的欲求，是否眞是與這六個心理規律一致的眞正欲求，或是在眞正的欲求沒有得到滿足的情況下，所產生的暫時（假象）欲求？眞正的欲求，也就是「依附」，想要從媽媽那裡得到安全感、想要被愛的欲求，從我們一出生來到這個世界就發動。

「依附」是人類最根本的欲求，也是最初的「心理規律」。要是能獲得安全感，小嬰兒就會滿足，覺得出生在這個世界很幸福。因爲「必然」得到了實現。但由於受到出生環境與當時的生活條件的影響，並不是每個人都能完整建構與媽媽的「依附關係」（心理規律②否定自己想要被愛）。在這種情況下，會產生假象欲求，並且被這種欲求所控制。讓人有一種錯覺，覺得彷彿這一切都是命中注定。

「心理規律①依附」會隨著成長而變化。當「與他人的連結能使自己獲得安全感」變成普遍認知時，我們的人生會在各種場面有精彩表現「心理規律③內心的發展」。根據心理發展的進程，實現了三個心理位置（心理規律④三個心理位置）。當我們理解人的內心如何活動，就會自然地理解內心緊張的結構，也就是構成糾葛的要素。如此一來，我們才能眞正掌握：「人生的煩惱如何產生？」（心理規律⑤糾葛）

從出生到成年II期，以「依附」起始的心理規律，和「與他人的連結能使自己獲得安全感」一致。根據這個規律，我們的心理會發生各種活動，並且從中得到滿足、變得幸福。心理慣性是無法改變的（心理規律⑥）。

那麼，「人的內心究竟是自由的？或是受必然所驅使？」針對這個問題，我們會得到什麼樣的結論？

我們的內心，在出生的那一刻開始就已經產生對依附的渴望，這是心理規律。這個規律具有一貫性，是絕對的。這種對依附的欲求必須得到滿足，才可能自由。

自由可說係基於對必然的理解。理解想要被愛的必然，並遵循這樣的必然，且能夠實現它，這才是獲得幸福的途徑。這裡的幸福，也就是自由。

另外，我們在本書中也確認了從出生到成年II期心理過程中的六個「心理規律」。這六個規律到底能適用到什麼程度？成年II期以後，有沒有成年III期？人生最終會怎樣？又將如何面對死亡？這些疑問從來都沒有明確的答案，但筆者可以做一些推測，聊聊關於希望，作爲本書的結尾。

宇宙的誕生據說已經有一三八億年。太陽系裡的地球，誕生到現在已有四十八億年。地球上最初的生命誕生於三十八億年前，人類誕生於二十萬年前。宇宙的歷史根據物理學的規律被解釋、驗證；宇宙裡確實也還有很多物理學和數學無法解釋的現象，但大抵可說不太與已經被確定的物理定律和數學理論相抵觸。可以說，宇宙根據物理與數學的必然性運作，生命也因此進化。可能人類、人類本身、人類的心理，也在這個基礎上運作。基礎的物理和數學的定律有著連貫性（自然）。在這個基礎上，化學、細胞、生命進化的定律也具有一貫性（生命）。自然與生命，這兩者之間並不存在矛盾。

另外，人的心理也有一貫性。可以說，自然、生命、心理的三者之間不存在矛盾。只要人類的心理持續發展、運作，生命、細胞、大腦便能夠生生不息，與物理、數學規律的連動亦得以維繫。物理、數學的理論通常難以動搖，人類的心理發展也是。筆者在前面提到很多必然，包括人類誕生、渴望被愛，以及隨之開展的心理規律，直到達成成年II期心理。

那麼，在人生最後階段的成年Ⅲ期，我們的心理又將如何發展？艾瑞克森認爲：成年Ⅲ期是面對、接受死亡的人生總結期。被稱爲「完全自我」。意思是：接受自己所擁有的唯一生命。他提到，「我們必須從原生家庭的糾葛中解放，接受自己的人生應該由自己負責的事實。離開原生家庭，成爲一個獨立、完整的人，如此一來，我們才能與那些建構傳達尊嚴與愛的秩序、對象與語言的人（無論是男是女）並立，成爲他們的夥伴。」[1] 我想他指的是：要能夠跨越時空，與他人共享愛和秩序的意思吧。

如此一來，當我們來到面臨死亡的成年Ⅲ期，我們的內心會不會更加渴望與他人的連結，因此而得以發展、成長？作爲「心理規律③心胸發展」必然的延伸，我們又會遭遇什麼？或是隨著死亡的到來，心理成長也會隨之停止？

每個人都害怕死亡。但活著的人不會經歷過死亡，所以實際上應該沒有人眞正知道死亡的恐怖。

即使是這樣，大家還是害怕死亡。因爲死亡的到來，就表示要和已經連結在一起的人分離，變得孤獨。而孤獨的恐懼，是每一個活著的人都體驗過的。小時候的迷路經驗、與親人的死別、被朋友排擠……我們透過這些經驗體死亡的恐怖，也透過這些經驗想像隨之而來的孤獨與恐懼。

人總是和他人連結在一起。死亡，就意味著要失去所有的連結，失去那些一直在守護我們的人。所以，「接受死亡」需要對「失去連結」的覺悟。人類可以做到這點嗎？

物理學的定律之所以難以顛覆，是因爲我們可以依循這些規律預測未來。同理可證，如果確立正確的「心理規律」，應該也可以預測未來會如何發展。從媽媽到爸爸、朋友、社會，人生會怎麼發展，我們大抵心底有一個概念，可能不那麼清楚，但足以讓我們確立內心的穩定，也延伸創造許多連結。那些都是不可動搖的「心理規律」。以此類推，我們的內心應該會不斷地想追求更多的穩定。但眞是這樣嗎？

1 艾瑞克森《自我認同與生命周期》。

物理學是超越時間的。也就是說，若規律正確，即應適用過去，也適用未來。譬如一萬年前火山爆發，因爲噴發的原則相同，因此一萬年前噴石噴出的軌道，其原理應該也適用昨天爆發的火山噴石。

規律沒有時間概念，不會隨時間流逝而改變。所以，如果「心理規律」正確，理所當然不會因爲時間而改變。

可以說，在心理層面上，時間的流逝不起作用。實務上也的確如此，我們常常會有時間停止流動的內在感受，譬如我們曾被某個事件深刻地打動，當我們眼下的某種場景與過去的經驗結合在一起時，時間就彷彿靜止了，感動也因此重現。在那樣的時刻，人與人之間的區隔就會消融，不分自我與他人。我是我，也不是我。孤獨感因此消失。我們的「心」會彷彿與所有的一切合而爲一。

這種狀態被許多不同的文化、哲學與宗教描述、延續。這就是「內心」擺脫所有的束縛，是一種完整的通達。在這樣的時刻，我們的內心是完全自由的。如果「心理規律」正確，確實可能會朝著這個方向進展。

實現必然即實現幸福。

必然是什麼呢？·是規律。

「心」隨著規律追求幸福，並且最終實現它。

SelfHelp 048

父母不能選擇，但人生可以
走出家庭的傷，從認識自己的依附關係開始

親は選べないが人生は選べる

高橋和巳——著　徐天樂——譯

出版者—心靈工坊文化事業股份有限公司
發行人—王浩威　總編輯—徐嘉俊
責任編輯—黃心宜　內頁排版—李宜芝
通訊地址—10684台北市大安區信義路四段53巷8號2樓
郵政劃撥—19546215　戶名—心靈工坊文化事業股份有限公司
電話—02）2702-9186　傳真—02）2702-9286
Email—service@psygarden.com.tw　網址—www.psygarden.com.tw

製版・印刷—彩峰造藝印像股份有限公司
總經銷—大和書報圖書股份有限公司
電話—02）8990-2588　傳真—02）2290-1658
通訊地址—248新北市五股工業區五工五路二號
初版一刷—2024年9月　ISBN—978-986-357-398-2　定價—380元

國家圖書館出版品預行編目資料

父母不能選擇,但人生可以：走出家庭的傷,從認識自己的依附關係開始/高橋和巳作；徐天樂譯.
-- 初版. -- 臺北市：心靈工坊文化事業股份有限公司, 2024.09
面；　公分. -- (SH；48)
譯自：親は選べないが人生は選べる

ISBN 978-986-357-398-2(平裝)

1.CST: 心理創傷 2.CST: 心理治療 3.CST: 親子關係 4.CST: 家庭關係

178.8　　113013284